Lovers (Live A Little Longer)...90

Mamma Mia...93

Me And I...96

Money, Money, Money...99

Move On...102

My Mama Said...106

My Love, My Life...108

The Name Of The Game...111

Nina, Pretty Ballerina...114

On And On And On...116

One Man, One Woman...119

One Of Us...122

Our Last Summer...125

People Need Love...128

Ring Ring...130

The Piper...132

Slipping Through My Fingers...135

Should I Laugh Or Cry...138

So Long...140

S.O.S. ...142

Soldiers...144

Summer Night City...147

Super Trouper...150

Take A Chance On Me...153

Thank You For The Music...156

Tiger...159

Tropical Loveland...162

Under Attack...164

The Visitors...166

Two For The Price Of One...168

Voulez-Vous...171

Waterloo...174

The Way Old Friends Do...176

What About Livingstone?...178

When All Is Said And Done...180

When I Kissed The Teacher...182

The Winner Takes It All...185

Why Did It Have To Be Me...188

Another Town, Another Train

Words & Music by Benny Andersson & Björn Ulvaeus

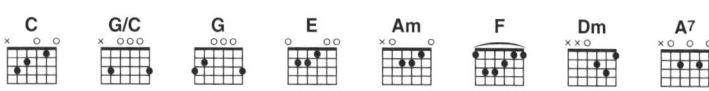

To match original recording, tune guitar slightly sharp

Intro | C | G/C | C | G/C ||

Verse 1
      C   G
Day is dawning and I must go,
   C   G   E   Am   F
You're asleep but still I'm sure you'll know
          C   Dm G
Why it had to end this way.
  C   G
You and I had a groovy time
 C   G   E   Am   F
But I told you somewhere down the line
     C   Dm
You would have to find me gone,
 A7   Dm G
I just have to move along.

Chorus 1
     C   F
Just another town, another train,
         C
Waiting in the morning rain,
F   C
Lord give my restless soul a little patience.
     F
Just another town, another train,
           C
Nothing lost and nothing gained.
F   C
Guess I will spend my life in railway stations.
G   C
Guess I will spend my life in railway stations.

© Copyright 1973 Universal/Union Songs Musikforlag AB
Bocu Music Limited for Great Britain and the Republic of Ireland.
Universal Music Publishing Limited for World excluding Great Britain and the Republic of Ireland.
All Rights Reserved. International Copyright Secured.

The LITTLE BLACK SONGBOOK

ABBA

Copyright © 2006, 2015 Wise Publications,
a part of HAL LEONARD LLC

Cover designed by Michael Bell Design.
Cover photographs courtesy of Michael Putland Retna.

ISBN: 978-1-84609-565-8

For all works contained herein:
Unauthorized copying, arranging, adapting, recording, internet posting, public performance,
or other distribution of the music in this publication is an infringement of copyright.
Infringers are liable under the law.

Visit Hal Leonard Online at
www.halleonard.com

Contact us:
Hal Leonard
7777 West Bluemound Road
Milwaukee, WI 53213
Email: info@halleonard.com

In Europe, contact:
Hal Leonard Europe Limited
1 Red Place
London, W1K 6PL
Email: info@halleonardeurope.com

In Australia, contact:
Hal Leonard Australia Pty. Ltd.
4 Lentara Court
Cheltenham, Victoria, 3192 Australia
Email: info@halleonard.com.au

Another Town, Another Train...4
Angeleyes...6
As Good As New...9
Bang-A-Boomerang...12
Cassandra...14
Chiquitita...16
Dancing Queen...18
Dance (While The Music Still Goes On)...20
The Day Before You Came...23
Dum Dum Diddle...26
Does Your Mother Know...28
Fernando...31
Eagle...34
Gimme! Gimme! Gimme! (A Man After Midnight)...36
Gonna Sing You My Lovesong...3
Happy New Year...41
Hasta Mañana...44
Hey, Hey Helen...46
Honey, Honey...48
Head Over Heels...50
I Wonder (Departure)...53
I Am The City...56
I Do, I Do, I Do, I Do, I Do...60
I Have A Dream...62
I'm A Marionette...64
I've Been Waiting For You...67
If It Wasn't For The Nights...70
The King Has Lost His Crown...74
King Kong Song...76
Kisses Of Fire...79
Knowing Me, Knowing You...82
Lay All Your Love On Me...84
Lovelight...87

Link | G/C | C | G/C ‖

Verse 2
   C   G
When you wake I know you'll cry
   C   G   E   Am   F
And the words I wrote to say goodbye,
           C   Dm G
They won't comfort you at all.
  C   G
But in time you will understand
  C   G   E   Am   F
That the dreams we dreamed were made of sand.
    C   Dm
For a no-good bum like me
  A7   Dm G
To live is to be free.

Chorus 2
      C   F
Just another town, another train,
           C
Waiting in the morning rain,
F   C
Lord give my restless soul a little patience.
           F
Just another town, another train,
        C
Nothing lost and nothing gained.
F   C
Guess I will spend my life in railway stations.
G   C   G/C
Guess I will spend my life in railway stations.

Chorus 3   As Chorus 2 *to fade*

Angeleyes

Words & Music by Benny Andersson & Björn Ulvaeus

C#m   B   F#   G#m   E   F#/A#   C#

Intro
        N.C. C#m B
        Ah,   Ah.

        C#m B
        Ah,   Ah.

        F#
        Ah,   I keep thinking 'bout his angel eyes,

        I keep thinking, ah.

Verse 1
        B   **G#m**   **E**
        Last night I was taking a walk along the river
        F#   **B**
        And I saw him together with a young girl.
        G#m   **E**
        And the look that he gave her made me shiver
        F#   **B**   **F#/A#**
        'Cause he always used to look at me that way.
        G#m   **F#**   **B**   **F#/A#**
        And I thought maybe I should walk right up to her and say,
        G#m   **C#**   **F#**
        "Ah, it's a game he likes to play."

© Copyright 1979 Universal/Union Songs Musikforlag AB.
Bocu Music Limited for Great Britain and the Republic of Ireland.
Universal Music Publishing Limited for World excluding Great Britain and the Republic of Ireland.
All Rights Reserved. International Copyright Secured.

Chorus 1

                B
Look into his angel eyes,
                    F♯/A♯
One look and you're hypnotised,
          B   **E**
He'll take your heart and you must pay the price.
F♯   **B**
  Look into his angel eyes,
                  F♯/A♯
You'll think you're in paradise,
        B   **E**   **B**
And one day you'll find out he wears a disguise.
F♯   **B**   **E**
Don't look too deep into those angel eyes,
F♯   **B**
Oh, no, no, no, no.

Middle

N.C **C♯m** **B**
Ah,   Ah.
     C♯m **B**
Ah,   Ah.
    F♯
Ah, I keep thinking 'bout his angel eyes,

I keep thinking, ah.

Verse 2

B   **G♯m**   **E**
Sometimes when I'm lonely I sit and think about him,
    F♯   **B**
And it hurts to remember all the good times
   G♯m   **E**
When I thought I could never live without him.
   F♯   **B**   **F♯/A♯**   **G♯m**
And I wonder does it have to be the same every time?
    F♯   **B**   **F♯/A♯**
When I see him will it bring back all the pain?
  G♯m   **C♯**   **F♯**
Ah, how can I forget that name?

Chorus 2

           B
Look into his angel eyes,
                     F#/A#
One look and you're hypnotised,
         B   E
He'll take your heart and you must pay the price.
F#   B
  Look into his angel eyes,
                   F#/A#
You'll think you're in paradise,
          B   E   B
And one day you'll find out he wears a disguise.
F#   B   E
Don't look too deep into those angel eyes,
F#   B
Crazy 'bout his angel eyes.
F#/A#
Angel eyes,
        B   E
He took my heart and now I pay the price.
F#   B
  Look into his angel eyes,
                   F#/A#
You'll think you're in paradise,
          B   E   B
And one day you'll find out he wears a disguise.
F#   B   E
Don't look too deep into those angel eyes,
F#   B
Oh, no, no, no, no.

Outro

N.C C#m B
Ah,   Ah.
      C#m B
Ah,   Ah.
𝄆   C#m
  Ah,   I keep thinking,
      B
Ah,   I keep thinking about his angel eyes. 𝄇 *Repeat to fade*

As Good As New

Words & Music by Benny Andersson & Björn Ulvaeus

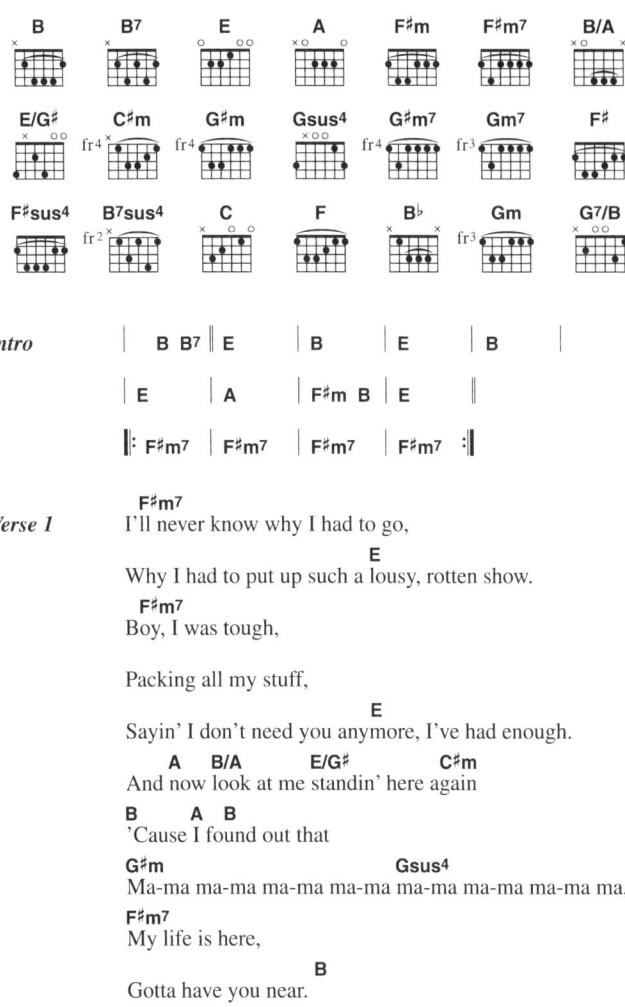

Intro
| B B7 ‖ E | B | E | B |
| E | A | F#m B | E ‖
‖: F#m7 | F#m7 | F#m7 | F#m7 :‖

Verse 1
    F#m7
I'll never know why I had to go,
                                 E
Why I had to put up such a lousy, rotten show.
  F#m7
Boy, I was tough,

Packing all my stuff,
                              E
Sayin' I don't need you anymore, I've had enough.
      A B/A   E/G#   C#m
And now look at me standin' here again
 B   A B
'Cause I found out that
G#m   Gsus4
Ma-ma ma-ma ma-ma ma-ma ma-ma ma-ma ma-ma ma,
F#m7
My life is here,
               B
Gotta have you near.

© Copyright 1979 Universal/Union Songs Musikforlag AB.
Bocu Music Limited for Great Britain and the Republic of Ireland.
Universal Music Publishing Limited for World excluding Great Britain and the Republic of Ireland.
All Rights Reserved. International Copyright Secured.

Chorus 1
    E
As good as new,

 B
My love for you

 E   B
And keepin' it that way is my intention.

 E
As good as new,

 A
And growin' too,

  F#m   B   E
Yes, I think it's takin' on a new dimension.

B E
It's as good as new,

 B
My love for you,

 E   B
Just like it used to be and even better.

 E
As good as new,

 A
Thank God, it's true,

  F#m   B   E G#m7 Gm7
Darling, we were always meant to stay together.

Link | F#m7 | F#m7 | F#m7 | F#m7 ‖

    F#m7
Verse 2 Feel like a creep,

Never felt so cheap,

        E
Never had a notion that my love could be so deep.

F#m7
How could I make such a dumb mistake?

       E
Now I know I'm not entitled to another break.

  A B/A E/G# C#m
But please, baby I beg you to forgive,

B A B
'Cause I found out that

G#m   Gsus4
Ma-ma ma-ma ma-ma ma-ma ma-ma ma-ma ma-ma ma,

F#m7
My life is here,

      B
Gotta have you near.

Chorus 2

    E   B
As good as new, my love for you
    E   B
And keepin' it that way is my intention.
    E   A
As good as new, and growin' too,
    F♯m   B   E
Yes, I think its takin' on a new dimension.
B   E   B
It's as good as new, my love for you,
    E   B
Just like it used to be and even better.
    E   A
As good as new, thank God, it's true,
    F♯m   B   E
Darling, we were always meant to stay together.

Middle

| A B/A | E/G♯ C♯m B | A B | E |

C♯m F♯   B   G♯m
I   thought that our love was at an end
    C♯m   F♯sus⁴ F♯ B⁷sus⁴ B⁷
But here I am   a - gain.

Chorus 3

    E   B
As good as new, my love for you
    E   B
And keepin' it that way is my intention.
    E   A
As good as new, and growin' too,
    F♯m   B   E
Yes, I think its takin' on a new dimension.
C   F   C
It's as good as new, my love for you,
   F   C
Just like it used to be and even better.
   F   B♭
As good as new, thank God, it's true,
   Gm   C   F
Darling, we were always meant to stay together.
    B♭
Yes, the love I have for you
 G⁷/B
Feels as good as new,
   C   F
Darling, we were always meant to stay together.

Bang-A-Boomerang

Words & Music by Benny Andersson, Stig Anderson & Björn Ulvaeus

Capo first fret

Intro ‖: E | E | A | B :‖

Verse 1
      A   **E**
Making somebody happy is a question of give and take,
     A   **E**
You can learn how to show it, so come on, give yourself a break.
C♯m   **G♯/C**
  Every smile and every little touch,
C♯m/E   **C♯m**
  Don't you know that they mean so much?
F♯m
Sweet, sweet kisses so tender,
                     Bsus⁴ **B**
Always will return to sen - der.

Chorus 1
          E   **B⁷**
Like a bang-a-boome-boomerang,
F♯m   **B**
Dum-be-dum-dum be-dum-be-dum-dum.
       E   **B⁷**
Oh bang-a-boome-boomerang,
F♯m   **B**
Love is a tune you hum-de-hum-hum.
     E   **E/D**
By giving away, I think you'll learn,
A/C♯   **F♯7**
You'll get love in return.
    E   **B⁷**   **A**
So bang-a-boome-boomerang is love,
  B⁷   **E**
A boome-boomerang is love.

© Copyright 1975 Universal/Union Songs Musikforlag AB.
Bocu Music Limited for Great Britain and the Republic of Ireland.
Universal Music Publishing Limited for World excluding Great Britain and the Republic of Ireland.
All Rights Reserved. International Copyright Secured.

Link

| (E) | E | A | B |
| E | E | A | B ‖

Verse 2

```
        A                                              E
Love is always around and you can look for it anywhere,
        A
When you feel that you've found it
                    E
My advice is to take good care.
C♯m            G♯/C
  Never use it as a selfish tool,
C♯m/E        C♯m
  Never ever be such a fool.
F♯m
Every feeling you're showing
                    Bsus⁴ B
Is a boomerang you're throw - ing.
```

Chorus 2

```
     E    B7
Yes, a bang-a-boome-boomerang,
F♯m           B
Dum-be-dum-dum be-dum-be-dum-dum.
    E    B7
Oh bang-a-boome-boomerang,
F♯m           B
Love is a tune you hum-de-hum-hum.
    E         E/D
By giving away, I think you'll learn,
A/C♯           F♯7
You'll get love in return.
    E    B7              A
So bang-a-boome-boomerang is love.
```

Middle

```
              E           A
And if you're warm and tender,
E        B            C♯
I'll kiss you, return to sender, please surrender.
```

Chorus 3

```
F♯       C♯7
Bang, a-boome-boomerang,
G♯m             C♯
Dum-be-dum-dum be-dum-be-dum-dum.
   F♯    C♯7
Oh, bang-a-boome-boomerang,
   G♯m  C♯              F♯
It's love, a-boome-boomerang, it's love.
```

Cassandra

Words & Music by Benny Andersson & Björn Ulvaeus

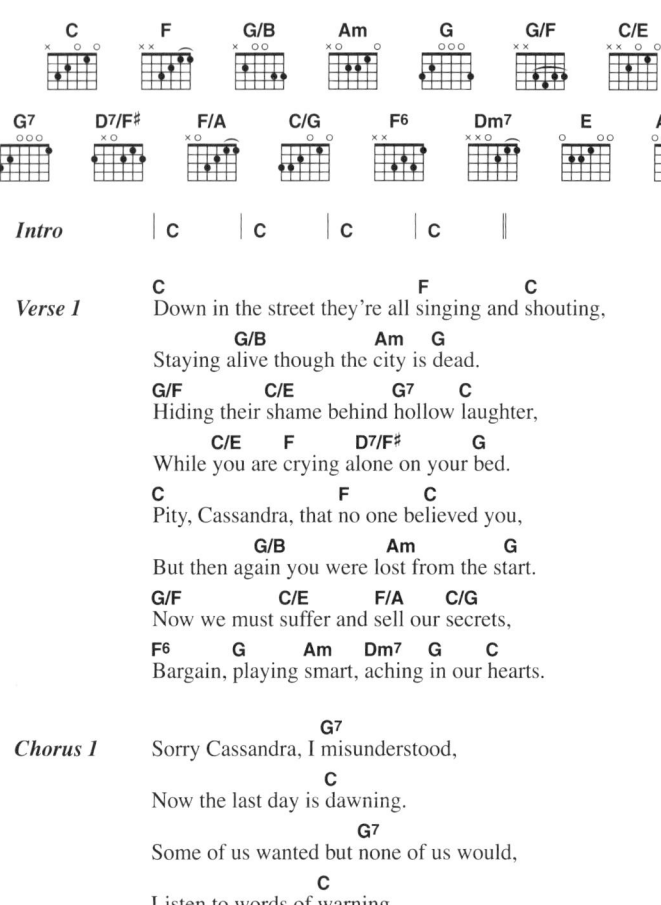

Intro | C | C | C | C ||

Verse 1
    C   **F**   **C**
Down in the street they're all singing and shouting,
       G/B   **Am**   **G**
Staying alive though the city is dead.
G/F   **C/E**   **G7**   **C**
Hiding their shame behind hollow laughter,
      C/E   **F**   **D7/F#**   **G**
While you are crying alone on your bed.
C   **F**   **C**
Pity, Cassandra, that no one believed you,
        G/B   **Am**   **G**
But then again you were lost from the start.
G/F   **C/E**   **F/A**   **C/G**
Now we must suffer and sell our secrets,
F6   **G**   **Am**   **Dm7** **G**   **C**
Bargain, playing smart, aching in our hearts.

Chorus 1
                   G7
Sorry Cassandra, I misunderstood,
             C
Now the last day is dawning.
                  G7
Some of us wanted but none of us would,
        C
Listen to words of warning.

© Copyright 1982 Universal/Union Songs Musikforlag AB.
Bocu Music Limited for Great Britain and the Republic of Ireland.
Universal Music Publishing Limited for World excluding Great Britain and the Republic of Ireland.
All Rights Reserved. International Copyright Secured.

cont.
                                 E
But on the darkest of nights
               Am/E   **E**
Nobody knew how to fight,
                          Am
And we were caught in our sleep.
        G7
Sorry Cassandra, I didn't believe,
     C
You really had the power.
      G7
I only saw it as dreams you would weave
     C
Until the final hour.

Verse 2
C   **F**   **C**
So in the morning your ship will be sailing,
          G/B   **Am**   **G**
Now that your father and sister are gone.
G/F   **C/E**   **G7**   **C**
There is no reason for you to linger,
   C/E   **F**   **D7/F♯**   **G**
You're grieving deeply but still moving on.
C   **F**   **C**
You know the future is casting a shadow,
       G/B   **Am**   **G**
No one else sees it but you know your fate.
G/F   **C/E**   **F/A** **C/G**
Packing your bags, being slow and thorough,
F6   **G**   **Am**   **Dm7** **G**   **C**
Knowing, though you're late, that ship is sure to wait.

Chorus 2   As Chorus 1

Verse 3
C   **F**   **C**
I watched her ship leaving harbour at sunrise,
        G/B   **Am**   **G**
Sails almost slack in the cool morning rain.
G/F   **C/E**   **F/A** **C/G**
She stood on deck, just a tiny figure.
F6   **G**   **Am**   **Dm7**   **G**   **C**
Rigid and restrained, blue eyes filled with pain.

Chorus 3   As Chorus 1

Chiquitita

Words & Music by Benny Andersson & Björn Ulvaeus

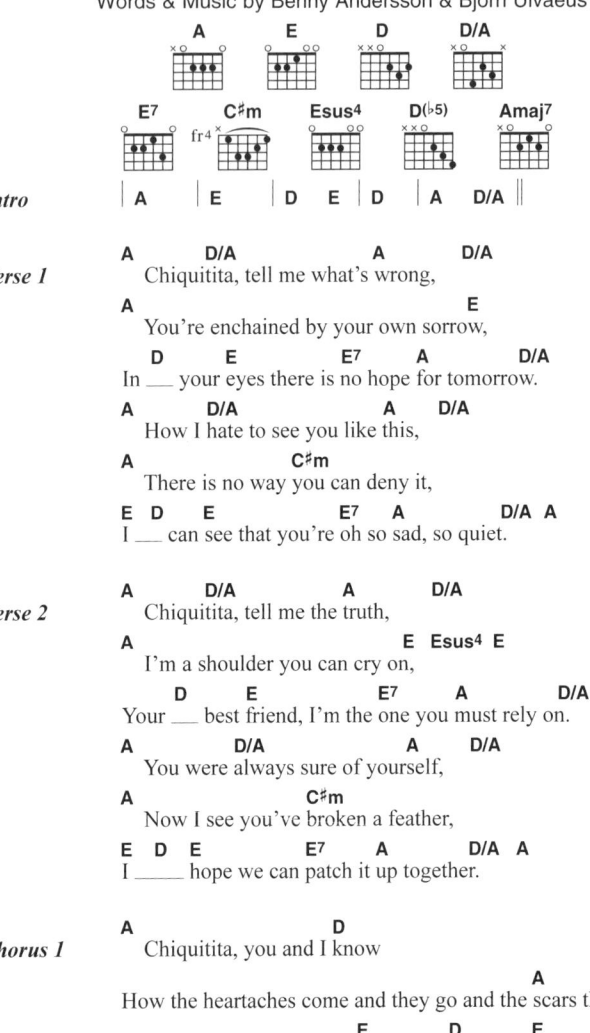

Intro | A | E | D E | D | A D/A ||

Verse 1
  A   D/A   A   D/A
Chiquitita, tell me what's wrong,
  A   E
You're enchained by your own sorrow,
 D   E   E7 A D/A
In ___ your eyes there is no hope for tomorrow.
  A   D/A   A   D/A
How I hate to see you like this,
  A   C#m
There is no way you can deny it,
E D E   E7   D/A A
I ___ can see that you're oh so sad, so quiet.

Verse 2
  A   D/A   A   D/A
Chiquitita, tell me the truth,
  A   E Esus4 E
I'm a shoulder you can cry on,
  D   E   E7   A D/A
Your ___ best friend, I'm the one you must rely on.
  A   D/A   A   D/A
You were always sure of yourself,
  A   C#m
Now I see you've broken a feather,
E D E   E7   A   D/A A
I _____ hope we can patch it up together.

Chorus 1
  A   D
Chiquitita, you and I know
                   A
How the heartaches come and they go and the scars they're leavin'
          E   D   E
You'll be dancin' once again and the pain will end,

© Copyright 1979 Universal/Union Songs Musikforlag AB /UNICEF Sweden.
Bocu Music Limited for Great Britain and the Republic of Ireland.
Universal Music Publishing Limited for World excluding Great Britain and the Republic of Ireland.
All Rights Reserved. International Copyright Secured.

cont.

            E7   A
You will have no time for grievin'.

             D
Chiquitita, you and I cry

                          E A
But the sun is still in the sky and shinin' above you,

                      E   D   E
Let me hear you sing once more like you did before,

      E7   A
Sing a new song, Chiquitita.

      E   D   E
Try once more like you did before,

      E7   A   D/A
Sing a new song, Chiquitita.

Verse 3

    A   D/A   A   D/A
So the walls came tumblin' down,

   A   E Esus4 E
And your love's a blown out candle,

   D   E   E7   A   D/A
All __ is gone and it seems too hard to handle.

 A   D/A   A   D/A
Chiquitita, tell me the truth,

 A   C#m
There is no way you can deny it,

E D E   E7   A   D/A A
I __ see that you're oh so sad, so quiet.

Chorus 2

   A   D
Chiquitita, you and I know

                               A
How the heartaches come and they go and the scars they're leavin'.

          E   D   E
You'll be dancin' once again and the pain will end,

    E7   A
You will have no time for grievin'.

           D
Chiquitita, you and I cry

                          E A
But the sun is still in the sky and shinin' above you,

                     E   D   E
Let me hear you sing once more like you did before,

     E7   A
Sing a new song, Chiquitita.

‖:   E   D   E
Try once more like you did before,

    E7   A
Sing a new song, Chiquitita. :‖

Outro

‖: D(♭5) D | D(♭5) D D(♭5) D | Amaj7 | Amaj7 :‖ *Repeat to fade*

Dancing Queen

Words & Music by Benny Andersson, Stig Anderson & Björn Ulvaeus

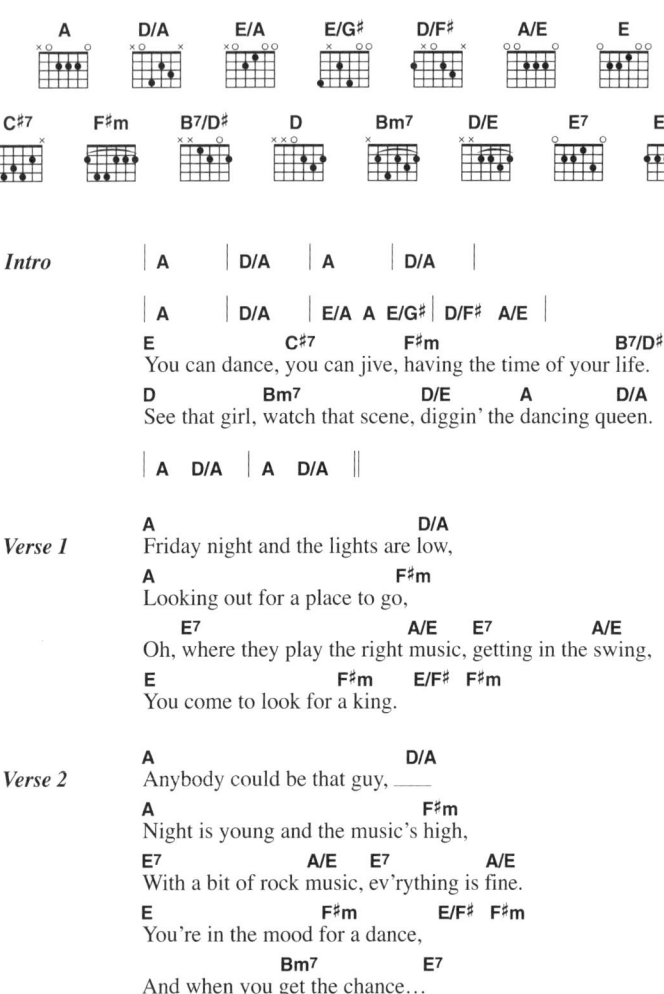

Intro | A | D/A | A | D/A |

| A | D/A | E/A A E/G♯ | D/F♯ A/E |

E   C♯7   F♯m   B7/D♯
You can dance, you can jive, having the time of your life.
D   Bm7   D/E   A   D/A
See that girl, watch that scene, diggin' the dancing queen.

| A   D/A | A   D/A ||

Verse 1
A   D/A
Friday night and the lights are low,
A   F♯m
Looking out for a place to go,
 E7   A/E   E7   A/E
Oh, where they play the right music, getting in the swing,
E   F♯m   E/F♯ F♯m
You come to look for a king.

Verse 2
A   D/A
Anybody could be that guy, ____
A   F♯m
Night is young and the music's high,
E7   A/E   E7   A/E
With a bit of rock music, ev'rything is fine.
E   F♯m   E/F♯   F♯m
You're in the mood for a dance,
               Bm7   E7
And when you get the chance…

© Copyright 1976 Universal/Union Songs Musikforlag AB.
Bocu Music Limited for Great Britain and the Republic of Ireland.
Universal Music Publishing Limited for World excluding Great Britain and the Republic of Ireland.
All Rights Reserved. International Copyright Secured.

Chorus 1	**A** **D/A** **A** **D/A**

Chorus 1

         A   **D/A**   **A**   **D/A**
You are the dancing queen, young and sweet, only seventeen.

A
Dancing queen,

D/A   **E/A** **A**   **E/G♯** **D/F♯** **A/E**
Feel the beat from the tam - bourine, oh   yeah. _____

E   **C♯7**   **F♯m**   **B7/D♯**
You can dance, you can jive, having the time of your life.

    D   **Bm7**
Oh, see that girl, watch that scene,

D/E   **A**   **D/A** **A** **D/A**
Diggin' the dancing queen. _____

Link   ❘ **A** **D/A** ❘ **A** **D/A** ❘❘

Verse 3

A   **D/A**
You're a teaser, you turn 'em on,

A   **F♯m**
Leave 'em burning and then you're gone,

E7   **A/E** **E7**   **A/E**
Looking out for another, anyone will do.

E   **F♯m**   **E/F♯** **F♯m**
You're in the mood for a dance,

          Bm7   **E7**
And when you get the chance…

Chorus 2

         A   **D/A**   **A**   **D/A**
You are the dancing queen, young and sweet, only seventeen.

A
Dancing queen,

D/A   **E/A** **A**   **E/G♯** **D/F♯** **A/E**
Feel the beat from the tam - bourine, oh   yeah. _____

E   **C♯7**   **F♯m**   **B7/D♯**
You can dance, you can jive, having the time of your life.

    D   **Bm7**
Oh, see that girl, watch that scene,

D/E   **A**   **D/A** **A** **D/A**
Diggin' the dancing queen. _____

         A   **D/A** **A** **D/A**
Diggin' the dancing queen. _____

Outro   ❘: **A** ❘ **D/A** ❘ **A** ❘ **D/A** :❘ *Repeat to fade*

Dance (While The Music Still Goes On)

Words & Music by Benny Andersson & Björn Ulvaeus

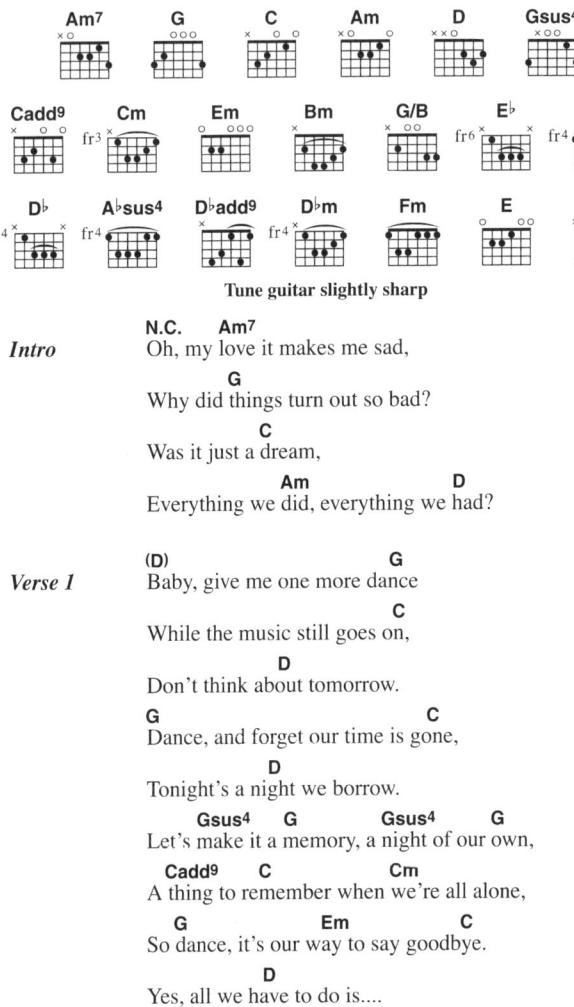

Tune guitar slightly sharp

Intro

      N.C.   **Am7**
Oh, my love it makes me sad,

           G
Why did things turn out so bad?

         C
Was it just a dream,

               Am   **D**
Everything we did, everything we had?

Verse 1

     (**D**)   **G**
Baby, give me one more dance

                   C
While the music still goes on,

       D
Don't think about tomorrow.

G   **C**
Dance, and forget our time is gone,

      D
Tonight's a night we borrow.

    Gsus4   **G**   **Gsus4**   **G**
Let's make it a memory, a night of our own,

   Cadd9   **C**   **Cm**
A thing to remember when we're all alone,

 G   **Em**   **C**
So dance, it's our way to say goodbye.

        D
Yes, all we have to do is....

© Copyright 1974 Universal/Union Songs Musikforlag AB.
Bocu Music Limited for Great Britain and the Republic of Ireland.
Universal Music Publishing Limited for World excluding Great Britain and the Republic of Ireland.
All Rights Reserved. International Copyright Secured.

Verse 2
      G   **C**
Dance, while the music still goes on,
          D
This is no time for crying.
G   **C**
Dance, don't you hear them play our song?
               D
God knows that we've been trying
   Gsus4 **G**   **Gsus4**   **G**
But we didn't make it 'cause nothing's the same,
 Cadd9   **C**   **Cm**
We just couldn't help it, nobody's to blame.
G   **Em**   **C**
So dance, while the music still goes on
      D   **G**
And let it be our last goodbye.

Middle
C **Bm** **Am**
Yet, it seems to make me sad,
       G/B
Why did things turn out so bad?
      C
Was it just a dream,
          Am   **D**
Everything we did, everything we had?

Verse 3
(D)   **G**
Baby, give me one last dance
             C
While the music still goes on,
      D
Just like the night I met you.
G   **C**
Dance, and believe me, when you're gone
     D
You know I won't forget you.
  Gsus4 **G**   **Gsus4** **G**
Our love was a snowbird, it's flying away,
 Cadd9   **C**   **Cm**
You tell me it's over, what more can I say?
G   **Em**   **C**
So dance, while the music still goes on,
    D   **G** **E♭**
It's gonna be our last goodbye.

Verse 4
    A♭   **D♭**
Dance, while the music still goes on,
       E♭
Don't think about tomorrow.
A♭   **D♭**
Dance, and forget our time is gone,
       E♭
Tonight's a night we borrow.
     A♭sus4   **A♭**   **A♭sus4**   **A♭**
Let's make it a memory, a night of our own,
D♭add9   **D♭**   **D♭m**
A thing to remember when we're all alone.
   A♭   **Fm**   **D♭**
So dance, while the music still goes on
       E♭   **A♭** **E**
And let it be our last goodbye.

Verse 5
   A   **D**
𝄆 Dance, while the music still goes on,
    E
This is no time for crying.
A   **D**
Dance, don't you hear them play our song?
    E
God knows that we've been trying.
A   **D**
Dance, while the music still goes on,
    E
Just like the night I met you.
A   **D**
Dance, and believe me, when you're gone
    E
You know I won't forget you. 𝄇 *Repeat to fade*

The Day Before You Came

Words & Music by Benny Andersson & Björn Ulvaeus

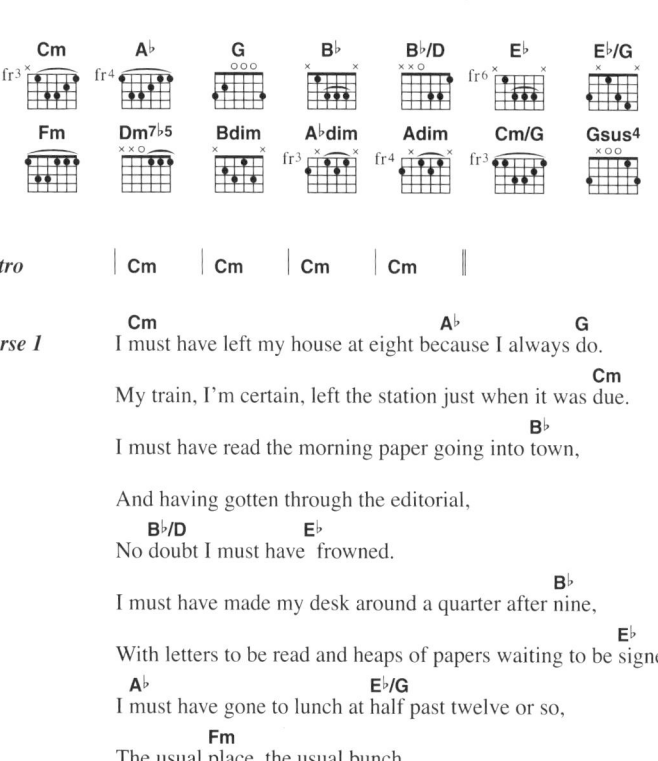

Intro | Cm | Cm | Cm | Cm ||

Verse 1
       Cm   A♭   G
I must have left my house at eight because I always do.
                                                   Cm
My train, I'm certain, left the station just when it was due.
                                      B♭
I must have read the morning paper going into town,

And having gotten through the editorial,
 B♭/D   E♭
No doubt I must have frowned.
                                      B♭
I must have made my desk around a quarter after nine,
                                                      E♭
With letters to be read and heaps of papers waiting to be signed.
 A♭   E♭/G
I must have gone to lunch at half past twelve or so,
    Fm
The usual place, the usual bunch.
                                Dm7♭5   G
And still on top of this I'm pretty sure it must have rained,
       Cm
The day before you came.

© Copyright 1982 Universal/Union Songs Musikforlag AB.
Bocu Music Limited for Great Britain and the Republic of Ireland.
Universal Music Publishing Limited for World excluding Great Britain and the Republic of Ireland.
All Rights Reserved. International Copyright Secured.

Verse 2

    Cm   **G**
I must have lit my seventh cigarette at half past two,
                                   Cm
And at the time I never even noticed I was blue.
                                            B♭
I must have kept on dragging through the business of the day,
                                         E♭
Without really knowing anything, I hid a part of me away.
                                    B♭
At five I must have left, there's no exception to the rule.
                                          E♭
A matter of routine, I've done it ever since I finished school.
  A♭
The train back home again,
 E♭/G   **Fm**
Undoubtedly I must have read the evening paper then,
                              Dm7♭5   **G**
Oh yes, I'm sure my life was well within its usual frame,
                     Cm
The day before you came.

Instrumental

(Cm)	Cm	Bdim	Bdim
A♭dim	G	Cm	Cm
Adim	Adim	Cm/G	Cm/G
Gsus4	G	Cm	Cm ‖

Verse 3

  Cm   **A♭**   **G**
I must have opened my front door at eight o'clock or so,
                                             Cm
And stopped along the way to buy some Chinese food to go.
                                  B♭
I'm sure I had my dinner watching something on T.V.
                                                E♭
There's not, I think, a single episode of Dallas that I didn't see.
                                  B♭
I must have gone to bed around a quarter after ten,
                                          E♭
I need a lot of sleep and so I like to be in bed by then.

cont.

    A♭
I must have read a while,

  E♭/G   **Fm**
The latest one by Marilyn French, or something in that style.

                                Dm7♭5   **G**
It's funny but I had no sense of living without aim,

                  Cm
The day before you came.

    A♭
And turning out the light,

E♭/G   **Fm**
I must have yawned and cuddled up for yet another night.

                                    Dm7♭5   **G**
And rattling on the roof I must have heard the sound of rain,

                  Cm
The day before you came.

Outro

(Cm)	Cm	‖: Bdim	Bdim
A♭dim	G	Cm	Cm
Adim	Adim	Cm/G	Cm/G
Gsus⁴	G	Cm	Cm :‖

Repeat to fade

Dum Dum Diddle

Words & Music by Benny Andersson & Björn Ulvaeus

Chords: A/E, E, F#m, A, B, G#m (fr4), F#m/E

Intro | A/E E | A/E E | A/E E | A/E E ‖

Verse 1
```
         E        F#m          A          B
I can hear how you work, practising hard,
         E              B A
Playing night and day, oh._
E              F#m         A           B
And it sounds better now, yes you improve
         E         B A
Every time you play, oh._
         F#m
But it's bad,
G#m         F#m
   You're so sad,
G#m            F#m  F#m/E  B
   And you're only   smiling
           F#m    F#m/E  B
When you play your violin.
```

Chorus 1
```
        E                    B
Dum dum diddle to be your fiddle,
    F#m                       B
To be so near ya and not just hear ya.
        E                     B
Dum dum diddle, to be your fiddle,
    F#m                          B
I think then maybe you'd see me, baby.
    A      B
You'd be mine,
     A                        B
And we'd be together all the time.
            E      G#m     A      B
Wish I was dum dum diddle, your darling fiddle.
```

© Copyright 1976 Universal/Union Songs Musikforlag AB.
Bocu Music Limited for Great Britain and the Republic of Ireland.
Universal Music Publishing Limited for World excluding Great Britain and the Republic of Ireland.
All Rights Reserved. International Copyright Secured.

Link 1 ‖ A/E E | A/E E | A/E E | A/E E ‖

Verse 2
    E   F♯m   A   B
But I think you don't know that I exist,
       E   B A
I'm the quiet kind, oh._
    E   F♯m   A   B
From the day when I first listened to you
        E   B A
You've been on my mind, oh._
      F♯m
You don't care,
G♯m   F♯m
  It's not fair,
G♯m   F♯m F♯m/E B
  And you're only   smiling
         F♯m   F♯m/E B
When you play your violin.

Chorus 2
E   B
Dum dum diddle to be your fiddle,
  F♯m   B
To be so near ya and not just hear ya.
E   B
Dum dum diddle, to be your fiddle,
  F♯m   B
I think then maybe you'd see me, baby.
A   B
You'd be mine,
     A   B
And we'd be together all the time.

Chorus 3   As Chorus 1

Outro   ‖: A/E E | A/E E | A/E E | A/E E :‖ *Repeat to fade*

Does Your Mother Know

Words & Music by Benny Andersson & Björn Ulvaeus

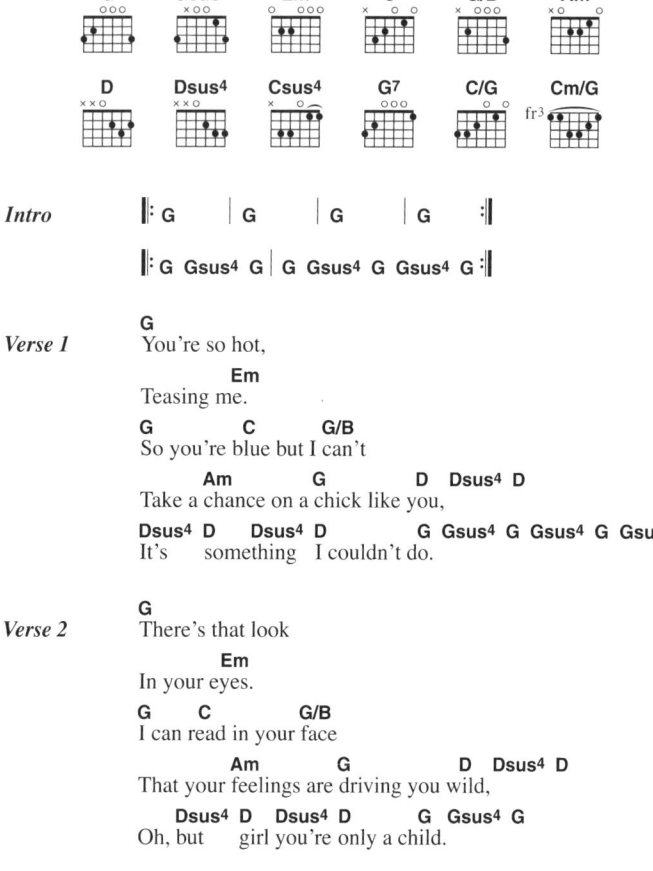

Intro ‖: G | G | G | G :‖

‖: G Gsus4 G | G Gsus4 G Gsus4 G :‖

Verse 1
G
You're so hot,
        Em
Teasing me.
G   **C**   **G/B**
So you're blue but I can't
       Am   **G**   **D Dsus4 D**
Take a chance on a chick like you,
Dsus4 D   **Dsus4 D**   **G Gsus4 G Gsus4 G Gsus4 G**
It's   something I couldn't do.

Verse 2
G
There's that look
       Em
In your eyes.
G   **C**   **G/B**
I can read in your face
       Am   **G**   **D Dsus4 D**
That your feelings are driving you wild,
   Dsus4 D **Dsus4 D**   **G Gsus4 G**
Oh, but   girl you're only a child.

© Copyright 1979 Universal/Union Songs Musikforlag AB.
Bocu Music Limited for Great Britain and the Republic of Ireland.
Universal Music Publishing Limited for World excluding Great Britain and the Republic of Ireland.
All Rights Reserved. International Copyright Secured.

Chorus 1

      C   **Csus4**
Well, I could dance with you honey

  C   **Csus4**
If you think it's funny,

 C   **G**
Does your mother know that you're out?

        C   **Csus4**
And I could chat with you baby,

 C   **Csus4**
Flirt a little, maybe,

 C   **G**
Does your mother know that you're out?

           G7
Take it easy, (take it easy)

   C/G   **Cm/G**
Better slow down, girl.

     G   **Cm/G**
That's no way to go,

     G   **Cm/G**
Does your mother know?

     G   **G7**
Take it easy, (take it easy)

   C/G   **Cm/G**
Try to cool it, girl.

    G   **Cm/G**
Take it nice and slow,

     G   **Cm/G**
Does your mother know?

Link

‖: G | G | G | G :‖

‖: G Gsus4 G | G Gsus4 G Gsus4 G :‖

Verse 3

G
I can see

        Em
What you want,

G   **C**   **G/B**
But you seem pretty young

    Am   **G**   **D** **Dsus4 D**
To be searching for that kind of fun,

  Dsus4 D Dsus4 D   **G Gsus4 G Gsus4 G Gsus4 G**
So may - be I'm   not the one.

Verse 4

     G
Now, you're so cute,

        Em
I like your style.

G   **C**   **G/B**
And I know what you mean

         Am   **G**   **D**   **Dsus4 D**
When you give me a flash of that smile, (smile)

Dsus4 D **Dsus4 D**   **G Gsus4 G**
But   girl you're only a child.

Chorus 2   As Chorus 1

Outro
𝄆 **G**   **C**   **Csus4**
  Well, I could dance with you honey

C   **Csus4**
If you think it's funny,

C   **G**
Does your mother know that you're out?

      C   **Csus4**
And I could chat with you baby,

C   **Csus4**
Flirt a little, maybe,

C   **G**
Does your mother know that you're out? 𝄇 *Repeat to fade*

Fernando

Words & Music by Benny Andersson, Björn Ulvaeus & Stig Anderson

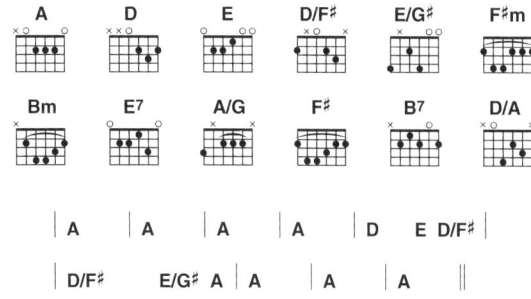

Intro | A | A | A | A | D E D/F♯ |
 | D/F♯   E/G♯ A | A | A | A ||

Verse 1
     A
     Can you hear the drums Fernando?
                           F♯m
I remember long ago another starry night like this.
        Bm
In the firelight Fernando,
                                            E
You were humming to yourself and softly strumming your guitar.

I could hear the distant drums
                                  A
And sounds of bugle calls were coming from afar.

Verse 2
     A
     They were closer now Fernando.
                          F♯m
Ev'ry hour, ev'ry minute seemed to last eternally.
      Bm
I was so afraid Fernando,
                                           E
We were young and full of life and none of us prepared to die.

And I'm not ashamed to say
                                 A
The roar of guns and cannons almost made me cry.

© Copyright 1976 Universal/Union Songs Musikforlag AB.
Bocu Music Limited for Great Britain and the Republic of Ireland.
Universal Music Publishing Limited for World excluding Great Britain and the Republic of Ireland.
All Rights Reserved. International Copyright Secured.

	A **E7**
Chorus 1	There was something in the air that night,

                 A
                 The stars were bright, Fernando.

                              E7
                 They were shining there for you and me,

                A
                 For liberty, Fernando.

                     A/G   **F♯**
                 Though we never thought that we could lose,

                B7
                 There's no regret.

                  E7
                 If I had to do the same again,

                       A
                 I would my friend, Fernando.

                  E7
                 If I had to do the same again,

                     D   **E D/F♯** | **D/F♯**   **E/G♯ A** |
                 I would my friend, Fernando.

| **A** | **A D/A A** | **E** | **E** | **A** ‖

                A
Verse 3   Now we're old and grey Fernando,

                                                      F♯m
                And since many years I haven't seen a rifle in your hand.

                        Bm
                Can you hear the drums Fernando?

                                                               E
                Do you still recall the fateful night we crossed the Rio Grande?

                I can see it in your eyes,

                                           A
                How proud you were to fight for freedom in this land.

                A   **E7**
Chorus 2   There was something in the air that night,

                   A
                 The stars were bright, Fernando.

                                 E7
                 They were shining there for you and me,

                A
                 For liberty, Fernando.

cont.
              A/G   **F♯**
Though we never thought that we could lose,
      B7
There's no regret.
              E7
If I had to do the same again,
           A
I would my friend, Fernando.

Chorus 3
A   **E7**
There was something in the air that night,
             A
The stars were bright, Fernando.
              E7
They were shining there for you and me,
        A
For liberty, Fernando.
            A/G   **F♯**
Though we never thought that we could lose,
     B7
There's no regret.
            E7
If I had to do the same again,
           A
I would my friend, Fernando.
          E7
𝄆 If I had to do the same again,
          A
I would my friend, Fernando. 𝄇 *Repeat to fade*

Eagle

Words & Music by Benny Andersson & Björn Ulvaeus

Intro   ‖: Em | Em | A/E | A/E :‖

Verse 1

    Em
They came flying from far away,

Now I'm under their spell.
                D   **Em**
I love hearing the stories that they tell.

They've seen places beyond my land,
                    Bm
And they've found new horizons.

Em   **D**   **Em**
They speak strangely but I understand.

             B/F♯
And I dream I'm an eagle,

Em/G   **A**
And I dream I can spread my wings.

Chorus 1

    G   **D**   **Em**   **D**
Flying high, high, I'm a bird in the sky,
   Em   **D**   **Em**
I'm an eagle that rides on the breeze.
G   **D**   **Em**   **D**
High, high, what a feeling to fly,
   Em   **D**   **Em**
Over mountains and forests and seas
   G   **D**   **Cmaj7**
And to go anywhere that I please.

© Copyright 1977 Universal/Union Songs Musikforlag AB.
Bocu Music Limited for Great Britain and the Republic of Ireland.
Universal Music Publishing Limited for World excluding Great Britain and the Republic of Ireland.
All Rights Reserved. International Copyright Secured.

| | Em | Em | A/E | A/E ‖

Instrumental

Verse 2
    Em
  As all good friends we talk all night,

And we fly wing to wing.
                     D   **Em**
I have questions and they know everything.

There's no limit to what I feel,
                 Bm
We climb higher and higher.
Em   **D**   **Em**
  Am I dreaming or is it all real?
         B/F#
Is it true I'm an eagle?
Em/G   **A**
  Is it true I can spread my wings?

Chorus 2
     G   **D**   **Em**   **D**
Flying high, high, I'm a bird in the sky,
     Em   **D**   **Em**
I'm an eagle that rides on the breeze.
G   **D**   **Em**   **D**
High, high, what a feeling to fly,
    Em   **D**   **Em**
Over mountains and forests and seas.
    G   **D**   **Cmaj7**
And to go anywhere that I please.

Outro   ‖: Em | Em | A/E | A/E :‖ *Repeat to fade*

35

Gimme! Gimme! Gimme! (A Man After Midnight)

Words & Music by Benny Andersson & Björn Ulvaeus

Intro ‖: Dm Gm | Cadd9 Dm | Gm Dm | Cadd9 Dm :‖
| Dm ‖: Dm | Dm C/E F | Am | Dm :‖ Dm

Verse 1
    Dm   G
Half past twelve and I'm watching the late show

In my flat all alone,
                     G   Dm
How I hate to spend the evening on my own.

Autumn winds blowing outside the window

As I look around the room,
                                         Dm
And it makes me so depressed to see the gloom.
Gm6/B♭
  There's not a soul out there,
Gm6   **Dm/A**   **A**
  No one to hear my prayer. _____

Chorus 1
  Dm   Gm/B♭   Cadd9   Dm
Gimme! Gimme! Gimme! A man after midnight,
  Gm/B♭   Dm   C   Dm
Won't somebody help me chase the shadows away.
                     Gm/B♭   Cadd9   Dm
Gimme! Gimme! Gimme! A man after midnight,
  Gm/B♭   Dm   C   Dm
Take me through the darkness to the break of the day.

© Copyright 1979 Universal/Union Songs Musikforlag AB.
Bocu Music Limited for Great Britain and the Republic of Ireland.
Universal Music Publishing Limited for World excluding Great Britain and the Republic of Ireland.
All Rights Reserved. International Copyright Secured.

Link   ‖: Dm | Dm C/E F | Am | Dm :‖ Dm ‖

Verse 2

Dm   **G**
Movie stars find the end of the rainbow with a fortune to win,

                     Dm
It's so diff'rent from the world I'm livin' in.

     G
Tired of T.V. I open the window and I gaze into the night,

                     Dm
But there's nothing there to see, no one in sight.

Gm/B♭
   There's not a soul out there,

Gm   **Dm/A** | **A** ‖
   No one to hear my prayer. _____

Chorus 2   As Chorus 1

Middle

Dm   **Gm/B♭**
Gimme! Gimme! Gimme!

      Cadd9   **Dm**   **Gm/B♭ Dm C Dm**
A man after midnight, _____

            Gm/B♭
Gimme! Gimme! Gimme!

      Cadd9   **Dm**   **Gm/B♭ Dm C Dm**
A man after midnight. _____

Instrumental   ‖: Dm | Dm | Dm | Dm :‖ *Play 6 times*

Gm/B♭
   There's not a soul out there,

Gm   **Dm/A** | **A** ‖
   No one to hear my prayer. _____

Chorus 3   As Chorus 1

Chorus 4   As Chorus 1

Outro   ‖: Dm | Dm C/E F | Am | Dm :‖
                                     Repeat to fade

Gonna Sing You My Lovesong

Words & Music by Benny Andersson & Björn Ulvaeus

Intro | Asus⁴ A Bm¹¹ | Asus⁴ A Bm⁷ |

| Asus⁴ A Bm¹¹ | Asus⁴ A E⁹sus⁴ ||

Verse 1
```
     A        Dmaj⁷      E         A
    You say she's been mad at you,
     D             A          Bm⁷   E⁹sus⁴
    Then you say you'll be patient,  mmm.__
     A        Dmaj⁷      E         A
    Still I see that she makes you blue,
     D              C♯m⁷          B⁷
    Come on, I'll give you consolation.
```

Chorus 1
```
                    A
    Gonna sing you my lovesong,
                   A/C♯    D
    Gonna bring you some light.
                 E⁹sus⁴  A              A/C♯  D
    Wanna make you feel    happy every day of your life.
                 E⁹sus⁴  A
    Gonna sing you my    lovesong,
                 A/C♯  D
    Gonna make it alright
     C♯m     Bm⁷                   E
    You're all I ever need, my darling.
```

© Copyright 1974 Universal/Union Songs Musikforlag AB.
Bocu Music Limited for Great Britain and the Republic of Ireland.
Universal Music Publishing Limited for World excluding Great Britain and the Republic of Ireland.
All Rights Reserved. International Copyright Secured.

Verse 2
    A   **Dmaj7**   **E**   **A**
Just to be where you wanna be,

D   **A**   **Bm7**   **E9sus4**
So much fun we could have then, mmm._

A   **Dmaj7**   **E**   **A**
To be yours for eternity,

D   **C#m7**   **B7**
What a miracle to happen.

Chorus 2
                A
Gonna sing you my lovesong,

            A/C# **D**
Wanna sing it for you.

           E9sus4 **A**
Gonna give you sweet   loving,

            A/C# **D**
Gonna give myself too.

           E9sus4 **A**
Wanna sing you my   lovesong,

            A/C# **D**
When I think about you.

C#m **Bm7**   **E**
 I   know she doesn't make it easy

    Bm7   **G#m7♭5** **C#7**
'Cause you don't please her like you please   me.

Middle
F#m   **G#m7♭5**   **C#7** **F#m**
You're my love, you're my an - gel,

        G#m7♭5   **C#7**
You're my first, you're my last.

F#m   **E**   **A**   **D**   **G**
Would she care if you lingered   for another night?

   D
Wanna hold you tight,

    Bm7
We could make it right.

Chorus 3

      A
    Gonna sing you my lovesong,
        A/C♯ D
    Gonna bring you some light.
       E9sus4 A   **A/C♯ D**
    Wanna make you feel happy every day of your life.
       E9sus4 A
    Gonna sing you my lovesong,
       A/C♯ D
    Gonna make it alright.
    C♯m Bm7   **E9sus4**
     I know she doesn't make it easy.

Chorus 4

      A
    Gonna sing you my lovesong,
       A/C♯ D
    Wanna sing it for you.
       E9sus4 A
    Gonna give you sweet loving,
       A/C♯ D
    Gonna give myself too.
       E9sus4 A
    Wanna sing you my lovesong,
       A/C♯ D
    When I think about you.
    C♯m **Bm7**   **E**
     You're all I ever need, my darling,
     Bm7   **E**   **Asus4 A Bm11**
    And I would love to sing my lovesong for you.

| **Asus4 A Bm7** | **Asus4 A Bm11** | **Asus4 A Bm7** ‖

Happy New Year

Words & Music by Benny Andersson & Björn Ulvaeus

| Asus² | E/A | A6/9 | E | A | Bm⁷ | A/C♯ | D |

| E9sus⁴ | Bm7♭5 | C♯7 | Esus⁴ | C♯7/F | F♯m | F♯7/A♯ fr4 | E7 |

Intro | Asus² | E/A | A6/9 | E/A |
| Asus² | E/A | A6/9 | E ‖

Verse 1
    A   Bm⁷   A/C♯
No more champagne and the fireworks are through,
        D   A/C♯
Here we are, me and you.
       Bm⁷   E9sus⁴
Feeling lost and feeling blue,
     A   Bm7♭5
It's the end of the party.
    A/C♯   C♯7
And the morning seems so grey,
    D   A/C♯
So unlike yesterday,
      Bm⁷   Esus⁴ E
Now's the time for us to say:___

Chorus 1
        A   C♯7/F
Happy new year, happy new year.
        F♯m   D   F♯7/A♯
May we all   have a vision now and then
                              Bm⁷
Of a world where every neighbour is a friend.
E   A   C♯7/F
  Happy new year, happy new year,
        F♯m   D   F♯7/A♯
May we all   have our hopes, our will to try.
                               Bm⁷ E
If we don't, we might as well lay down and die,
   Bm⁷ E7
You   and I.

© Copyright 1980 Universal/Union Songs Musikforlag AB.
Bocu Music Limited for Great Britain and the Republic of Ireland.
Universal Music Publishing Limited for World excluding Great Britain and the Republic of Ireland.
All Rights Reserved. International Copyright Secured.

Verse 2

     A   **Bm7**   **A/C♯**   **C♯7**
Sometimes I see how the brave new world arrives,

  D   **A/C♯**
And I see how it thrives

  Bm7   **E9sus4**
In the ashes of our lives.

 A   **Bm7♭5**
Oh yes, man is a fool

 A/C♯   **C♯7**
And he thinks he'll be O.K.

  D   **A/C♯**
Dragging on feet of clay,

 Bm7   **A**
Never knowing he's astray,

 Bm7   **Esus4 E**
Keeps on going anyway.___

Chorus 2

    A   **C♯7/F**
Happy new year, happy new year.

  F♯m   **D**   **F♯7/A♯**
May we all   have a vision now and then

                     Bm7
Of a world where every neighbour is a friend.

E   **A**   **C♯7/F**
  Happy new year, happy new year,

  F♯m   **D**   **F♯7/A♯**
May we all   have our hopes, our will to try.

                               Bm7 E
If we don't, we might as well lay down and die,

Bm7 E7 **Asus2 E/A A6/9 E/A**
You   and I._____

Link | **Asus2** | **E/A** | **A6/9** | **E** ‖

Verse 3

    A   **Bm7**
Seems to me now
       A/C♯   **C♯7**   **D**
That the dreams we had before are all dead,
     A/C♯   **Bm7**   **E9sus4**
Nothing more than confetti on the floor.
    A   **Bm7♭5**
It's the end of a decade,
   A/C♯   **C♯7**
In another ten years time
    D   **A/C♯**
Who can say what we'll find?
    D   **A**
What lies waiting down the line
    Bm7   **Esus4 E**
In the end of eighty-nine?___

Chorus 3

        A   **C♯7/F**
Happy new year, happy new year.
      F♯m   **D**   **F♯7/A♯**
May we all have a vision now and then
                           Bm7
Of a world where every neighbour is a friend.
E   **A**   **C♯7/F**
  Happy new year, happy new year,
      F♯m   **D**   **F♯7/A♯**
May we all have our hopes, our will to try.
                           Bm7 E
If we don't, we might as well lay down and die,
Bm7 E7 **Asus2** **E/A** **A6/9** **E/A**
You   and I._____

Outro | **Asus2** | **E/A** | **A6/9** | **E** | **A** ‖

Hasta Mañana

Words & Music by Benny Andersson, Stig Anderson & Björn Ulvaeus

Intro | F | Am | B♭ | C ‖

Verse 1
        F   Am   B♭ C
Where is the spring and the summer
        F   Am   B♭   D7
That once was yours and mine?
      Gm   B♭m
Where did it go? I just don't know,
      Gm   G7   C7sus4 C7 C7sus4 C7
But still my love for you will live   for-ev - er.

Chorus 1
       F   Am
Hasta Mañana 'til we meet again,
                Dm   D7   Gm
Don't know where, don't know when.
                             C
Darling, our love was much too strong to die,
 Gm   C7sus4 C7 C7sus4 C7
We'll find a way to face a new   to-mor - row.
   F   Am
Hasta Mañana, say we'll meet again,
        D   Gm
I can't do without you.
B♭
Time to forget, send me a letter,
B♭m
Say you forgive, the sooner the better,
F   D7   Gm   C   F
Hasta Mañana baby, Hasta Mañana until then.

Verse 2

    F   **Am**   **B♭**   **C**
Where is the dream we were dreaming,

F   **Am**   **B♭**   **D7**
And all the nights we shared?

Gm
Where did they go?

B♭m
I just don't know,

Gm   **G7**   **C7sus4 C7 C7sus4 C7**
And I can't tell you just how much   I   miss   you.

Chorus 2

F   **Am**
Hasta Mañana 'til we meet again,

           Dm   **D7**   **Gm**
Don't know where, don't know when.

                              C
Darling, our love was much too strong to die,

Gm   **C7sus4 C7 C7sus4 C7**
We'll find a way to face a new   to - mor - row.

F   **Am**
Hasta Mañana, say we'll meet again,

    D   **Gm**
I can't do without you.

B♭
Time to forget, send me a letter,

B♭m
Say you forgive, the sooner the better,

F   **D7**   **Gm**   **C**   **F**   **C♯7**
Hasta Mañana baby, Hasta Mañana until then.

Chorus 3

F♯   **A♯m**
Hasta Mañana, say we'll meet again,

    D♯   **G♯m**
I can't do without you.

B
Time to forget, send me a letter,

Bm
Say you forgive, the sooner the better,

F♯   **D♯7**   **G♯m**   **C♯**   **F♯**
Hasta Mañana baby, Hasta Mañana until then.

| **F♯** | **F♯** ‖

Hey, Hey Helen

Words & Music by Benny Andersson & Björn Ulvaeus

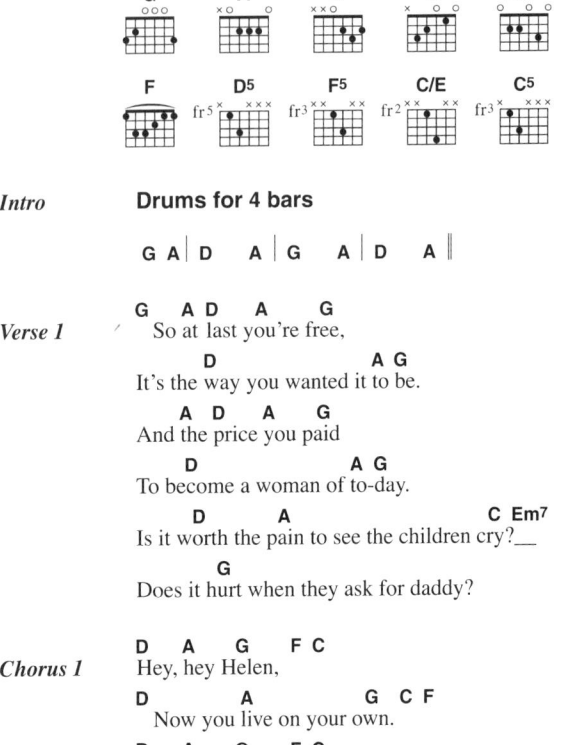

Intro **Drums for 4 bars**

|G A|D A|G A|D A‖

Verse 1
   G A D A G
  So at last you're free,
    D   A G
It's the way you wanted it to be.
   A D A G
And the price you paid
  D   A G
To become a woman of to-day.
  D   A   C Em7
Is it worth the pain to see the children cry?__
  G
Does it hurt when they ask for daddy?

Chorus 1
  D A G F C
Hey, hey Helen,
  D   A   G C F
  Now you live on your own.
  D A G F C
Hey, hey Helen,
  D   A   G F C D
  Can you make it alone? (Yes, you can)

© Copyright 1975 Universal/Union Songs Musikforlag AB.
Bocu Music Limited for Great Britain and the Republic of Ireland.
Universal Music Publishing Limited for World excluding Great Britain and the Republic of Ireland.
All Rights Reserved. International Copyright Secured.

Verse 2
     G A   D   A G
So you're free at last (lucky woman)
        D   A G
And beginning to forget the past, (lucky woman)
      A D   A G
Does it make you sad (being lonely)
      D   A   G
When you think about the life you had?
    A   D   A   C Em7
But you're right, you had to take a second chance,
   G
So you fight to find your freedom.

Chorus 2
D A   G   F C
Hey, hey Helen,
D   A   G F C
  Now you live on your own.
D A   G   C F
Hey, hey Helen,
D   A   G F C
  Can you make it alone?
D A   G   F
Hey, hey Helen,
D   A   G F C
  What's the matter with you?
D A   G   F C
Hey, hey Helen,
D   A   G F C   D5
  Don't you know what to do?   Yes you do!

Middle
F5 C/E C5 D5   F5 C/E C5 D5
                  A-ha,_____ yes you do,
    F5 C/E C5 D5
Yes, you do._____
   F5 C/E C5 D5
A-ha,   yes you do,
    F5 C/E C5 A
Yes, you do._____

Chorus 3 |: As Chorus 2 :| *Repeat to fade*

Honey, Honey

Words & Music by Benny Andersson, Stig Anderson & Björn Ulvaeus

Tune guitar slightly flat

Intro | F | F | B♭ | B♭ C7 ‖

Verse 1
     F   B♭
Honey honey, how you thrill me, aha, honey honey.
  F   B♭
Honey honey, nearly kill me, aha, honey honey.
    F   Dm
I'd heard about you before,
 F   Dm
I wanted to know some more.
     F   Dm
And now I know what they mean,
        B♭
You're a love machine,
          C7
Oh, you make me dizzy.

Verse 2
   F   B♭
Honey honey, let me feel it, aha, honey honey.
  F   B♭
Honey honey, don't conceal it, aha, honey honey.
   F   Dm
The way that you kiss good night,
 F   Dm
The way that you hold me tight,
 F   Dm
I feel like I wanna sing
         B♭ | C7sus4 | C7 ‖
When you do your thing.

Middle 1

    Cm7   **F**
I don't wanna hurt you baby,
  B♭   **F/A**   **Gm**
I don't wanna see you cry.
    Cm7
So stay on the ground girl,
   F7   **B♭**
You better not get too high.
   Fm7   **B♭7**
But I'm gonna stick to you boy,
   E♭   **B♭/D**   **A♭**
You'll never get rid of me.
                            D♭
There's no other place in this world
                  Gm7 **C7**
Where I rather would be.

Verse 3

  F   **B♭**
   Honey honey, touch me baby, aha, honey honey.
  F   **B♭**
   Honey honey, hold me baby, aha, honey honey.
  F   **Dm**
You look like a movie star,
  F   **Dm**
But I know just who you are,
  F   **Dm**
And honey, to say the least,
                 B♭ | **C7sus4** | **C7** ‖
You're a doggone beast.

Middle 2

| **Cm7** | **F** | **B♭** **F/A** | **Gm** |

    Cm7
So stay on the ground girl,
   F7   **B♭**
You better not get too high.

| **Fm7** | **B♭7** | **E♭** **B♭/D** | **A♭** |

                            D♭
There's no other place in this world
                  Gm7 **C7**
Where I rather would be.

Verse 4   ‖: As Verse 1 :‖ *Repeat to fade*

Head Over Heels

Words & Music by Benny Andersson & Björn Ulvaeus

Intro | C♯m | C♯m | C♯m | C♯m |

| C♯m | F♯m | B | E |

| C♯m | F♯m | G♯7 | C♯m |

| G♯7 | C♯m ||

Verse 1

     C♯m   G♯7
I have a very good friend,
                            C♯m
The kind of girl who likes to follow a trend.
     G♯7
She has a personal style,
                         C♯m
Some people like it, others tend to go wild.
             B
You hear her voice everywhere,
G♯7
Taking the chair.
C♯m   C♯m/B A G♯
She's a leading lady
        C♯m   G♯/C♯   C♯m C♯7
And with no trace of hesi - tation
F♯m/C♯   C♯
She keeps going,

© Copyright 1981 Universal/Union Songs Musikforlag AB.
Bocu Music Limited for Great Britain and the Republic of Ireland.
Universal Music Publishing Limited for World excluding Great Britain and the Republic of Ireland.
All Rights Reserved. International Copyright Secured.

Chorus 1

     F#m/C#   B
Head over heels, breaking her way,

                             G#7   C#m
Pushing through unknown jungles   everyday.

          B A   G#sus4 G#7   C#m
She's a girl with a taste   for the world.

     (C#m) G#/C# C#m   C#7
(The world is like a playing-ground

      F#m/C#   C#
Where she goes rushin')

F#m/C#   B
Head over heels, setting the pace,

                      G#7   C#m
Running the gauntlet in a   whirl of lace.

         B A   G#sus4 G#7   C#m
She's extreme, if you know   what I mean.

Link | C#m | C#m ||

Verse 2

C#m   G#7
   Her man is one I admire,

                          C#m
He's so courageous but he's constantly tired.

            G#7
Each time when he speaks his mind

                       C#m
She pats his head and says, "That's all very fine,

     B
Exert that will of your own

G#7
When you're alone,

C#m   C#m/B A G#
Now we'd better hurry."

     C#m   G#/C# C#m C#7
And with no trace of hesitation

F#m/C#   C#
She keeps going,

Chorus 2   As Chorus 1

Instrumental | C#m || C#m | F#m | B |

                  | E | C#m | F#m | G#7 ||

Verse 3

    C♯   **B**
  You hear her voice everywhere,
G♯7
Taking the chair.
C♯m   **C♯m/B** **A** **G♯**
She's a leading lady
     C♯m   **G♯/C♯** **C♯m** **C♯7**
And with no trace of hesi - tation
F♯m/C♯   **C♯**
She keeps going,

Chorus 3

F♯m/C♯   **B**
Head over heels, breaking her way,
                             G♯7   **C♯m**
Pushing through unknown jungles everyday.
    B **A**   **G♯sus4** **G♯7**   **C♯m**
She's a girl with a taste   for the world.
   (C♯m) **G♯/C♯** **C♯m**   **C♯7**
(The world is like a playing-ground
    F♯m/C♯ **C♯**
Where she goes rushin')
F♯m/C♯   **B**
Head over heels, setting the pace,
               G♯7   **C♯m**
Running the gauntlet in a whirl of lace.
   B **A**   **G♯sus4** **G♯7**   **C♯m**
She's extreme, if you know   what I mean.
 (C♯m)   **G♯/C♯** **C♯m**
(I think she's one of those who
C♯7   **F♯m/C♯** **C♯**   **F♯m/C♯**   **B**
Always likes to do whatever she feels)
A   **G♯sus4** **G♯**   **A** **B** **C♯m**
 And she goes   head over heels.____

I Wonder (Departure)

Words & Music by Benny Andersson, Stig Anderson & Björn Ulvaeus

Chord diagrams: C, Am, F, G/F, C/E, Dm7/G, G, Fmaj7, G/B, D/F#, Gsus4, Dm7, Faug, F6, Amadd9, Dm, Dm/C, Gm7, Em7, E7, E7/G#, Caug, Fm, F/C

Intro | C   Am   F   G/F | C/E   Am   Dm7/G   G ‖

Verse 1
      C   Fmaj7   G/B   C   F   G
      This park and these hou - ses,

      C   Fmaj7   D/F#   Gsus4   G
      Old streets I have walked.

      C   C/E   F
      Everything dear,

      G/F   C
      Will it be here

      F   Dm7   Dm7/G
      One day when I_ am returning?

Verse 2
      C   Fmaj7   D/F#   Gsus4   G
      My friends will get married,

      C   Fmaj7   D/F#   Gsus4   G
      Have children and homes.

      C   C/E   F
      It sounds so   nice,

      G/B   C
      Well planned and wise,

      F   Dm7   Dm7/G
      Never expecting surprises.

© Copyright 1977 Universal/Union Songs Musikforlag AB.
Bocu Music Limited for Great Britain and the Republic of Ireland.
Universal Music Publishing Limited for World excluding Great Britain and the Republic of Ireland.
All Rights Reserved. International Copyright Secured.

Chorus 1

    F Faug F6 C/E Amadd9 Am
I won - der, it's frighten - ing,

Dm   Dm/C   G/B   Gm7 C
Leaving now, is that the right thing?

F   G/F   Em7 Am
I wonder, it scares me,

Dm7   E7   E7/G♯ Am
But who the hell am I,

Gm7   C Caug F
If I don't ev - en try?

G/F   C/E Am
I'm not a cow-ard,

Dm7 Dm7/G   C Gm7 C
Oh no, I'll be strong.__

F   G/F   Em7 Am
One chance in a life - time,

Dm7
Yes, I will take it,

  Dm7/G   C
It can't go wrong.

Instrumental | (C) Fmaj7 | G   C | C   Fmaj7 | D/F♯ Gsus4 G |

| C   F | G/F C | F   Dm7 | Dm7/G   ‖

Verse 3

  C   Fmaj7   G   C
My friends and my family,

    Fmaj7   D/F♯   Gsus4 G
This dull little town.

C   C/E F
Buses I've missed,

G/F   C
Boys that I've kissed,

F   Dm7   Dm7/G
Everything old and familiar.

Chorus 2

F　Faug　F6　C/E　Amadd9　Am
　I won - der, it's frighten - ing,

Dm　　　Dm/C　G/B　　Gm7　C
　Leaving now, is that the right thing?

F　G/F　　Em7　Am
　I wonder, it scares me,

Dm7　　　　　E7　　E7/G♯　Am
But who the hell　am　　I,

Gm7　　　C　Caug　F
If I don't ev - en　　try?

G/F　　　C/E　Am
I'm not a cow-ard,

Dm7　Dm7/G　　C　Gm7　C
　Oh no, I'll be strong.__

F　　G/F　　　　Em7　Am
　One chance in a life - time,

Dm7　　　　　｜　Dm7　｜
Yes, I will take it,

Yes, I will take it,

　Dm7/G　G　C　C/E　F　Fm
It can't　go wrong.__

｜ **C　F/C**　｜ **C**　　　‖

I Am The City

Words & Music by Benny Andersson & Björn Ulvaeus

Chord diagrams: A, E/A, D/A, D, E, E/G#, G, F#m, C#m, Dm, Dm/A

Intro ‖: A | E/A | D/A | D/A :‖ A | A ‖

Verse 1
    A   D
Coming through a cloud you're looking at me from above
                                     A
And I'm a revelation spreading out before your eyes.
                           D
And you find me beautiful and irresistible,
                                   A
A giant creature that forever seems to grow in size.
E   D
And you feel a strange attraction, ooh, ooh,
                     A
The air is vibrant and electrified.
E   A
Welcome to me, here I am, my arms are open wide.

Verse 2
    A   D
Somewhere in the middle of the never ending noise
                                   A
There is a pulse, a steady rhythm of a heart that beats.
                        D
And a million voices blend into a single voice
                                     A
And you can hear it in the clamour of the crowded streets.
E   D
People come and take their chances, ooh, ooh,
                                 A
Sometimes you win, sometimes you lose a lot,
E
Come make your own contribution to this melting pot.

© Copyright 1980 Universal/Union Songs Musikforlag AB.
Bocu Music Limited for Great Britain and the Republic of Ireland.
Universal Music Publishing Limited for World excluding Great Britain and the Republic of Ireland.
All Rights Reserved. International Copyright Secured.

	A E/A D/A
Chorus 1	I'm the street you walk, the language you talk,

I am the city.

A   **E/A**   **D/A**
The skyline is me and the energy,

I am the city.

A   **E/G♯**   **G**
The famous hotels and the cocktail bars

     F♯m   **A**
And the funny smells and the turmoil of cars

    D **F♯m E** **C♯m** **D**
And the people, the air that you're breathing is me.

    Dm **A**
Yes I am the city, you let me be.

Verse 3

A   **D**
People feed me with their lives, I am a hungry soul

          A
And they all worship me and pay their homage day and night.

    D
Every day I hear a lot of tired, shuffling feet

        A
But come tonight they will be dancing in the neon light.

E   **D**
Dazzled by the crazy magic, ooh, ooh,

       A
They're grabbing pieces of the fatted calf.

E
And in the wind if you listen hard

You'll hear me laugh.

Chorus 2

    A   E/A   D/A
  I'm the street you walk, the language you talk,

I am the city.

  A   E/A   D/A
  The skyline is me and the energy,

I am the city.

  A   E/G#   G
  The famous hotels and the cocktail bars
                  F#m   A
And the funny smells and the turmoil of cars
        D   F#m E   C#m   D
And the people, the parks and the squares that you see,
Dm   A   D
  All the sounds that you hear
  F#m E   C#m   D
And the air that you're breathing is me.

Yes I am the city, you let me be.

Middle

| A | E/A |

D/A   Dm/A
  I am the city, you let me be.

| A | E/A |

D/A
  I am the city.

Outro

A   E/G#   G
  The famous hotels and the cocktail bars
                  D
And the funny smells and the turmoil of cars,
             A
And the people, the air that you breathe.
                        Coming through a cloud
                D
You're looking at me from above

And I'm a revelation
             A
Spreading out before your eyes.   E/A
                           I'm the street you walk,
          D/A
The language you talk,
                     Dm/A
I am the city, yes, I am the city, you let me be.

cont.

A				D

And you find me beautiful and irresistible,

A giant creature that forever seems

  A
To grow in size.   **E/A**
        The skyline is me
       D/A   **Dm/A**
And the energy, I am the city, you let me be.
A   **D**
Somewhere in the middle of the never ending noise

There is a pulse,

                A
A steady rhythm of a heart that beats.   **E/A**
                           I'm the streets you walk,
      D/A
The language you talk,
                  Dm/A
I am the city, yes, I am the city, you let me be.
A   **D**
And a million voices blend into a single voice
                             A
And you can hear it in the clamour of the crowded streets.
A   **E/A**   **D/A**
  The skyline is me and the energy,

I am the city.   *To fade*

I Do, I Do, I Do, I Do, I Do

Words & Music by Benny Andersson, Stig Anderson & Björn Ulvaeus

G C Csus4 A7 Dm F
Gm C7 F/E F/D F/C D7 Dm7

Intro | G | G | C | G ||

Verse 1
      C   G   C
Love me or leave me,
Csus4 C   A7   **Dm**
Make your choice but believe me,
  G
I love you,
                    C   G
I do, I do, I do, I do, I do.
C G   C
I   can't conceal it,
Csus4 C   A7   **Dm**
Don't you see, can't you feel it?
       G
Don't you too?
                  C F C
I do, I do, I do, I do, I do. _____

Chorus 1
        Gm   C7   F F/E   F/D F/C
Oh, I've been dreamin' through my lonely past, _____
D7   **Dm7**   G
  Now I just made it, I found you at last.
        C G   C   Csus4 C   A7   Dm
So come on now let's try it, I   love you, can't deny it
  G
'Cause it's true,
                  C F C
I do, I do, I do, I do, I do. _____

| G | G | C | G ||

© Copyright 1975 Universal/Union Songs Musikforlag AB.
Bocu Music Limited for Great Britain and the Republic of Ireland.
Universal Music Publishing Limited for World excluding Great Britain and the Republic of Ireland.
All Rights Reserved. International Copyright Secured.

Verse 2
     C   G   C
Let's get together,

Csus4 C   A7   **Dm**
Ev' - ry day will be better,

    G
I love you,

                   C   G
I do, I do, I do, I do, I do.

C   G   C
Leave it or take it,

Csus4 C   A7   **Dm**
I   be - lieve we can make it,

      G
Don't you too?

                  C F C
I do, I do, I do, I do, I do. _____

Chorus 2
     Gm   **C7**   **F   F/E**   **F/D F/C**
Oh, no hard feelings between you ___ and me , _____

D7   **Dm7**   **G**
  If we can't make it but just wait and see.

       C G   **C   Csus4 C   A7**   **Dm**
So come on now let's try it, I   love you, can't deny it

  G
'Cause it's true,

                C F C
I do, I do, I do, I do, I do. _____

| **G** | **G** | **C F** | **C** ||

I Have A Dream

Words & Music by Benny Andersson & Björn Ulvaeus

Capo first fret

Intro | Asus⁴ | A | A | E |
| E | A |

Verse 1
　　　　A　　　　E7
　　I have a dream,
　　　　A
　　A song to sing
　　　　E7
　　To help me cope
　　　　A
　　With anything.
　　　　E7
　　If you see the wonder
　　　　A
　　Of a fairy tale,
　　　　　　　E7
　　You can take the future
　　　　A
　　Even if you fail.

Chorus 1
　　　E7
　　I believe in angels,
　　　　　　　　　　D　　　　A
　　Something good in everything I see.
　　　E7
　　I believe in angels
　　　　　　　　　D　　　　　A
　　When I know the time is right for me.
　　　E7
　　I'll cross the stream,
　　　A
　　I have a dream.

© Copyright 1979 Universal/Union Songs Musikforlag AB.
Bocu Music Limited for Great Britain and the Republic of Ireland.
Universal Music Publishing Limited for World excluding Great Britain and the Republic of Ireland.
All Rights Reserved. International Copyright Secured.

Verse 2

      A   **E7**   **A**
I have a dream, a fantasy

           E7   **A**
To help me through reality.

       E7
And my destination

        A
Makes it worth the while,

       E7
Pushing through the darkness,

  A
Still another mile.

Chorus 2

     E7
I believe in angels,

               D   **A**
Something good in everything I see.

     E7
I believe in angels

            D   **A**
When I know the time is right for me.

    E7
I'll cross the stream,

  A
I have a dream.

    E7
I'll cross the stream,

  Asus4 A
I have a dream.__

Instrumental | A | E | A Asus4 | Asus4 A |
                  | A | E | E | A ‖

Verse 3   As Verse 1

Chorus 3   As Chorus 2

Outro   ‖: A | E | A Asus4 | Asus4 A |
               | A | E | E | |
               | A Asus4 | Asus4 A :‖ *Repeat to fade*

I'm A Marionette

Words & Music by Benny Andersson & Björn Ulvaeus

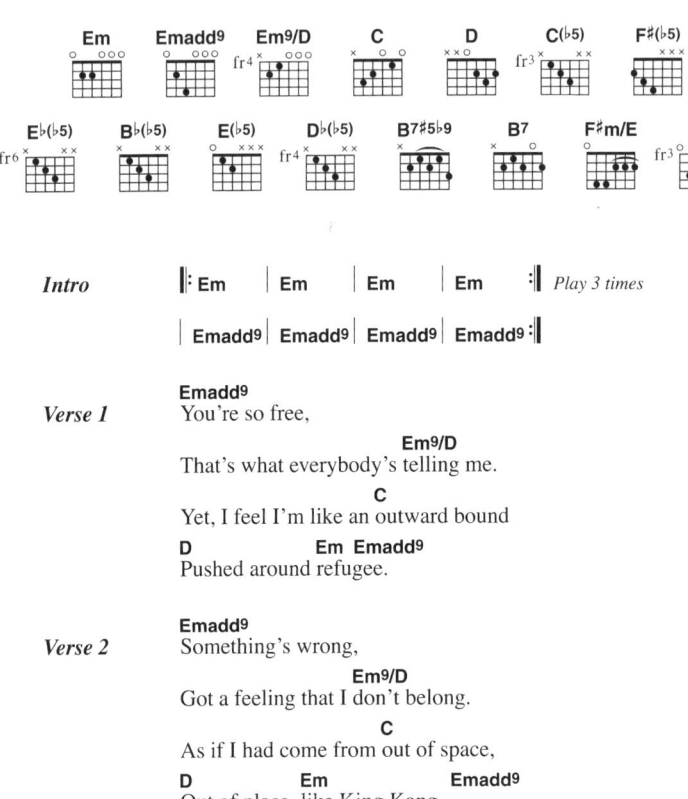

Intro ‖: Em | Em | Em | Em :‖ *Play 3 times*

| Emadd9 | Emadd9 | Emadd9 | Emadd9 :‖

Verse 1
Emadd9
You're so free,

                    Em9/D
That's what everybody's telling me.

             C
Yet, I feel I'm like an outward bound

D   **Em Emadd9**
Pushed around refugee.

Verse 2
Emadd9
Something's wrong,

                    Em9/D
Got a feeling that I don't belong.

             C
As if I had come from out of space,

D   **Em**   **Emadd9**
Out of place, like King Kong.

© Copyright 1977 Universal/Union Songs Musikforlag AB.
Bocu Music Limited for Great Britain and the Republic of Ireland.
Universal Music Publishing Limited for World excluding Great Britain and the Republic of Ireland.
All Rights Reserved. International Copyright Secured.

Chorus 1
          C(♭5)   **F♯(♭5)**
I'm a marionette, just a marionette,
C(♭5) E♭(♭5) C(♭5)
Pull the string.
C(♭5)   **F♯(♭5)**
I'm a marionette, everybody's pet,
C(♭5) E♭(♭5) C(♭5)   **F♯(♭5)**
Just as long as I sing.
B♭(♭5)   **E(♭5)**
I'm a marionette, see my pirouette,
B♭(♭5) D♭(♭5) B♭(♭5)
'Round and 'round.
B♭(♭5)   **E(♭5)**
I'm a marionette, I'm a marionette,
B♭(♭5) D♭(♭5) B♭(♭5)   **E(♭5)** | **C(♭5)** | **B7♯5♭9 B7** |
Just a silly old clown.

Verse 3
Emadd9
Like a doll,
                  Em9/D
Like a puppet with no will at all.
                       C
And somebody taught me how to talk,
D   **Em**   **Emadd9**
How to walk, how to fall.

Guitar Solo ‖: **Em F♯m/E** | **G/E F♯m/E** | **Em F♯m/E** | **G/E F♯m/E** :‖
                                                                   Play 9 times

Verse 4
Emadd9
Can't complain,
                Em9/D
I got no one but myself to blame.
                        C
Something's happening I can't control,
D   **Em**   **Emadd9**
Lost my hold, it's insane.

Chorus 2
        C(♭5)   **F♯(♭5)**
I'm a marionette, just a marionette,
C(♭5) E♭(♭5) C(♭5)
Pull   the   string.
C(♭5)   **F♯(♭5)**
I'm a marionette, everybody's pet,
C(♭5) E♭(♭5) C(♭5)   **F♯(♭5)**
Just as   long as I sing.
B♭(♭5)   **E(♭5)**
I'm a marionette, see my pirouette,
B♭(♭5)   **D♭(♭5) B♭(♭5)**
'Round and 'round.
B♭(♭5)   **E(♭5)**
I'm a marionette, I'm a marionette,
B♭(♭5) D♭(♭5) B♭(♭5)   **E(♭5)** | **C(♭5)** | **B7♯5♭9 B7** |
Just a   silly old clown.

Verse 5
Emadd9
Look this way,
            Em9/D
Just a little smile is what they say.
                  C
You'll look better on the photograph,
D   **Em**   **Emadd9**
If you laugh, that's O.K.!

Chorus 3   As Chorus 1

Verse 6   As Verse 1

I've Been Waiting For You

Words & Music by Benny Andersson, Stig Anderson & Björn Ulvaeus

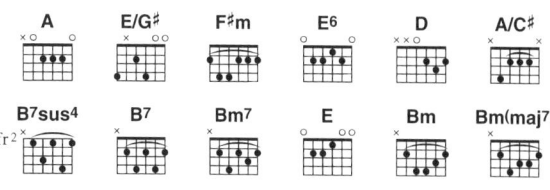

Verse 1
     A   **E/G♯**
I, I've been in love before,
           F♯m
I thought I would no more
      E6
Manage to hit the ceiling.
D   **A/C♯**
Still, strange as it seems to be,
                  B7sus4 B7
You brought it back to me,
   Bm7 E
That old feel - ing.

Verse 2
     A   **E/G♯**
I, I don't know what you do,
            F♯m
You make me think that you
       E6
Possibly could release me.
D   **A/C♯**
I think you'll be able to
                B7sus4 B7
Make all my dreams come true,
   Bm7 E
And you ease me.

© Copyright 1974 Universal/Union Songs Musikforlag AB.
Bocu Music Limited for Great Britain and the Republic of Ireland.
Universal Music Publishing Limited for World excluding Great Britain and the Republic of Ireland.
All Rights Reserved. International Copyright Secured.

Chorus 1

    A
You thrill me, you delight me,
    D
You please me, you excite me,
    A   **D**
You're something I've been waiting for.

    A
I love you, I adore you,
D
I lay my life before you,
    A   **D**
I'll have you want me more and more.

Bm   **Bm(maj7)**
And finally it seems
    Bm7   **E**
My lonely days are through,
D   **E**   **A**
I've been waiting for you.

Link

| **B7sus4** **B7** | **Bm7** **E** ||

Verse 3

  A   **E/G#**
I, I'm gonna make you mine,
               F#m
You're gonna feel so fine,
                  E6
You'll never want to leave me.
D   **A/C#**
I feel you belong to me,
                B7sus4 **B7**
Someday you will agree,____
      Bm7 **E**
Please, believe me.

Chorus 2   **A**
You thrill me, you delight me,

D
You please me, you excite me,

A   **D**
You're something I've been waiting for.

A
I love you, I adore you,

D
I lay my life before you,

A   **D**
I'll have you want me more and more.

Bm   **Bm(maj7)**
And finally it seems

  Bm7   **E**
My lonely days are through,

D   **E**   **A**
I've been waiting for you,

D   **E**   **A**
I've been waiting for you.

Outro ||: **A**
Na na na, na na na, na na na.

D
Na na na, na na na, na na na.

A   **D**
Na na na, na na na, na na na. :|| *Repeat to fade*

If It Wasn't For The Nights

Words & Music by Benny Andersson & Björn Ulvaeus

Intro

| D | Bm7 E | C#m | C#m |

| D | D | Bm7 | Bm7 E |

| D/A A D/A | D/A A | D/A A D/A ||

Verse 1

    D/A A   D/A A   D/A
I got appointments, work I have to do.
Bm/F# F# Bm Bm/A   E
Keepin' me so busy all the day through.
                   A   F#m
They're the things that keep me from thinkin' of you.
    Bm7   A/C#
Oh, baby I miss you so,
 D
I know I'm never gonna make it.
E   D/A A
Oh, I'm so rest-less,
     D/A
I don't care what I say
Bm/A F#   Bm
And I lose my temper
Bm/A   E
Ten times a day.
          A   F#m
Still it's even worse when the night's on it's way,
    Bm7 D/E
It's bad, oh, so bad.

© Copyright 1979 Universal/Union Songs Musikforlag AB.
Bocu Music Limited for Great Britain and the Republic of Ireland.
Universal Music Publishing Limited for World excluding Great Britain and the Republic of Ireland.
All Rights Reserved. International Copyright Secured.

Chorus 1

```
         D                         Bm7
         Somehow I'd be doin' alright
                         D/A
         If it wasn't for the nights.
               A           D/A          A
         (If it wasn't for the nights I think that I_ could make it.)
         D                        Bm7
          I'd have courage left to fight
                         D/A
         If it wasn't for the nights.
               A           D/A          A
         (If it wasn't for the nights I think that I_ could take it.)
         D                        Bm7          E
          How I fear the time when shadows start to fall,
         Bm7                 D/E
          Sittin' here alone and starin' at the wall
         D                   Bm7
          Even I could see a light
                         D/A
         If it wasn't for the nights.
               A           D/A          A
         (Even I_ could see a light, I think that I_ could make it.)
         D                         Bm7
          Somehow I'd be doin' alright
                         D/A
         If it wasn't for the nights.
               A           D/A          A
         (If it wasn't for the nights I think that I_ could take it.)
```

Link 1

```
| D        | Bm7 E | C#m    | C#m      |

| D        | D     | Bm7    | Bm7 E    |

| D/A A D/A | D/A A | D/A A D/A ||
```

Verse 2

   D/A A   D/A A D/A
    No one to turn to, you know how it is,

Bm/F# F# Bm Bm/A   E
I was   not prepared for something like this.

     A   F#m
Now I see them clearly, the things that I miss,

 Bm7 A/C#
Oh, baby, I feel so bad,

 D
I know I'm never gonna make it.

E   D/A A   D/A
I've got my busi-ness to help me through the day,

Bm/F# F# Bm
People I must write to,

Bm/A E
Bills I must pay

         A   F#m
But everything's so different when night's on it's way,

  Bm7   D/E
It's bad, oh, so bad.

Chorus 2

D   Bm7
 Somehow I'd be doin' alright

       D/A
If it wasn't for the nights.

   A   D/A   A
(If it wasn't for the nights I think that I_ could make it)

D   Bm7
 I'd have courage left to fight

       D/A
If it wasn't for the nights.

   A   D/A   A
(If it wasn't for the nights I think that I_ could take it)

D   Bm7   E
 How I fear the time when shadows start to fall,

Bm7   D/E
 Sittin' here alone and starin' at the wall

D   Bm7
 Even I could see a light

       D/A
If it wasn't for the nights.

   A   D/A   A
(Even I_ could see a light, I think that I_ could make it)

D   Bm7
 Guess my future would look bright

cont.
                   D/A
If it wasn't for the nights.

        A   **D/A**   **A**
(If it wasn't for the nights I think that I_ could make it)

Middle 1
D   **Bm7**   **D/A**
 If it wasn't for the nights.

     A   **D/A**   **A**
(If it wasn't for the nights I think that I_ could take it)

D   **Bm7**   **D/A**
 If it wasn't for the nights.

     A   **D/A**   **A**
(If it wasn't for the nights I think that I_ could make it)

Link 2
| **D** | **Bm7 E** | **C♯m** | **C♯m** ||

Chorus 3
D   **Bm7**
 Even I could see a light,

         D/A
If it wasn't for the nights.

    A   **D/A**   **A**
(Even I_ could see a light, I think that I_ could make it)

D   **Bm7**
 Guess my future would look bright

             D/A
If it wasn't for the nights.

     A   **D/A**   **A**   **D**
(If it wasn't for the nights I think that I_ could take it)

Link 3   As Link 2

Middle 2
D   **Bm7**   **D/A**
 If it wasn't for the nights.

     A   **D/A**   **A**
(If it wasn't for the nights I think that I_ could make it)

D   **Bm7**   **D/A**
 If it wasn't for the nights.

     A   **D/A**   **A**
(If it wasn't for the nights I think that I_ could take it)

Chorus 4 ||: As Chorus 3 :|| *Repeat to fade*

The King Has Lost His Crown

Words & Music by Benny Andersson & Björn Ulvaeus

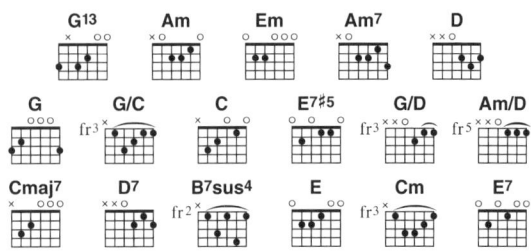

Intro
| G13 Am | Am Em | Am Am7 | Am7 D |

| G | G G/C C | G | E7#5 |

| E7#5 || Am G Am | Am G Am | Am G Am |

| Am | Em | Em | D G/D | Am/D D ||

Verse 1
```
            G       Cmaj7          G    C
I believe your new girl turned you down,
  D       G        Cmaj7     G
 And they say she's pushin' you around.
            D
How does it feel?
         D7        G
I guess it hurts your pride.
         D
Tell me, my friend,
          C              B7sus4
How many nights you've cried.
```

© Copyright 1979 Universal/Union Songs Musikforlag AB.
Bocu Music Limited for Great Britain and the Republic of Ireland.
Universal Music Publishing Limited for World excluding Great Britain and the Republic of Ireland.
All Rights Reserved. International Copyright Secured.

Chorus 1

     E   **Am**   **G Am**
Disaster and disgrace,

         G   **Am**   **G Am**
The king has lost his crown.

C D G   **C**   **Cm**   **G**   **E7♯5 E7 Am G**
Suddenly he's clumsy like a clown, aah.___

Am   **G**   **Am**   **G Am**
  The world is upside down,

                 Em
The king has lost his crown.

Link

| **Em** | **Em** | **Em** | **Em** |

| **Em** | **D G/D** | **Am/D D** ||

Verse 2

       G **Cmaj7**   **G**   **C**
Was it hard to step down from your throne,

D   **G**   **Cmaj7**   **G**
  And to know tonight you're all alone.

  D
Oh, what a shame,

     D7   **G**
You really want that girl.

     D
She doesn't care,

          C   **B7sus4**
Still you just dream of her.

Chorus 2   As Chorus 1

Chorus 3

   E   **Am**   **G Am**
‖: Disaster and disgrace,

        G   **Am**   **G Am**
The world is all a-round.

C D G   **C**   **Cm**   **G**   **E7♯5 Am G**
Suddenly he's clumsy like a clown, aah.

Am   **G**   **Am**   **G Am**
  The world is upside down,

                Em
The king has lost his crown. :‖ *Repeat to fade*

King Kong Song

Words & Music by Benny Andersson & Björn Ulvaeus

Intro | G | G | G | G |

| G C/G G | G C/G G | G C/G G | G C/G G ‖

Verse 1
```
              G           C/G    G    C/G  G
Well, I was looking at a movie on the T.V. last night,
         C/G     G     C/G G   D   Dsus4 D
Then I had a very funny notion,__ yeah.
   Dsus4  D                 Dsus4 D Dsus4 D
I really had to write a song about it
     G             C/G     G         C/G  G
And then I'm gonna sing it with my rock'n roll band.
            C/G      G       C/G G   D   Dsus4 D
And I bet the people gonna like it,____ yeah,
     Dsus4 D                   Dsus4  D
I know that every - body's gonna shout it.
```

Dsus4 D   N.C.   (A7)
    But what a dreadful mighty killer,

N.C.   (C)
A big black wild gorilla.

© Copyright 1974 Universal/Union Songs Musikforlag AB.
Bocu Music Limited for Great Britain and the Republic of Ireland.
Universal Music Publishing Limited for World excluding Great Britain and the Republic of Ireland.
All Rights Reserved. International Copyright Secured.

Chorus 1

      D
We do the King Kong song,

G
Won't you sing along?

Em   **A**
Listen to the music and it couldn't go wrong.

      D
We do the King Kong song,

G
Gotta sing along.

Em   **A**
Can't you hear the beating of the monkey tom-tom?

Em   **A**   **D**   **Dsus4 D**
Listen to the rhythm of the King Kong song.

| **D Dsus4 D** | **D Dsus4 D** | **D Dsus4 D** ||

Verse 2

   D   **G/D**   **D**   **G/D**
Now we can make a jungle out of any old place,

D   **G/D**   **D**   **G/D D A D/A A**
We can make gorillas out of people,   yeah.

                        D/A A D/A A
Well, who can tell a monkey from a monkey?

   D   **G/D**   **D**   **G/D** **D**
So, people get together, gonna have a good time.

       G/D   **D**   **G/D D A D/A A**
Everybody listen to the music,   yeah,

                        D/A A
The song we're gonna sing is kinda funky.

D/A A **N.C.**   **(E7)**
   So let your arms hang down

N.C.   **(G C)**
And waddle all around,

 N.C.   **(E7)**
Like a dreadful mighty killer,

N.C.   **(C)**
A big black wild gorilla.

Chorus 2   As Chorus 1

Link   ‖ D Dsus4 D │ D Dsus4 D │ D Dsus4 D │ D Dsus4 D ‖

N.C.   **(A7)**
Like a dreadful mighty killer,

N.C.   **(C)**
A big black wild gorilla.

Chorus 3
              D
We do the King Kong song,

G
Won't you sing along?

Em   **A**
Listen to the music and it couldn't go wrong.

              D
We do the King Kong song,

G
Gotta sing along.

Em   **A**
Can't you hear the beating of the monkey tom-tom?

Em   **A**
Listen to the rhythm of the King Kong song.

Chorus 4
              D
We do the King Kong song,

G
Won't you sing along?

Em   **A**
Listen to the music and it couldn't go wrong.

              D
We do the King Kong song,

G
Gotta sing along.

Em   **A**
Can't you hear the beating of the monkey tom-tom?

Em   **A**   **D   Dsus4 D**
Listen to the rhythm of the King Kong song.

Outro   ‖: D Dsus4 D │ D Dsus4 D │ D Dsus4 D │ D Dsus4 D :‖

                                                  Repeat to fade

Kisses Of Fire

Words & Music by Benny Andersson & Björn Ulvaeus

Verse 1
    N.C.   F♯m
Lay your head on my chest
      B/F♯   F♯m   B/F♯
So you hear every beat of my heart.

              F♯m
Now there's nothing at all
  B/F♯   C♯
That can keep us apart.

C♯m   A
  Touch my lips,
       F♯m
Close your eyes
      B   G♯m C♯m
And see with your fingertips.
F♯m   G♯m
Things that you do
      A   B   Bsus4
And you know I'm crazy 'bout you.

Chorus 1
E   C♯m
Kisses of fire, burning, burning,
A   B
I'm at the point of no returning.
E   C♯m
Kisses of fire, sweet devotions,
A   B   G♯m
Caught in a landslide of emotions.

© Copyright 1979 Universal/Union Songs Musikforlag AB.
Bocu Music Limited for Great Britain and the Republic of Ireland.
Universal Music Publishing Limited for World excluding Great Britain and the Republic of Ireland.
All Rights Reserved. International Copyright Secured.

cont.

      C♯m   A
   I've had my share of love affairs

                                E
And they were nothing compared to this,

B E   A
I'm_ riding higher than the sky

                      B
And there is fire in every kiss.

C♯m   B C♯m Am/C
Kisses of fire,   kisses of fire.

Link

| F♯m | B/F♯ | F♯m7 |

Verse 2

B/F♯   F♯m
  When you sleep by my side

        B/F♯   F♯m7
I feel safe and I know I belong.

B/F♯   F♯m
  Still, it's making me scared

        B/F♯   F♯m7
That my love is so strong.

  G♯m C♯m   A   B
Losing you, it's a nightmare, babe,

        G♯m   C♯m
And to me, it's new.

F♯m   G♯m
Never before

         A   B Bsus4
Did you see me begging for more._

Chorus 2
    E   **C#m**
Kisses of fire, burning, burning,
A   **B**
I'm at the point of no returning.
E   **C#m**
Kisses of fire, sweet devotions,
A   **B**   **G#m**
Caught in a landslide of emotions.
C#m   **A**
  I've had my share of love affairs
           E
And they were nothing compared to this,
B E   **A**
I'm_ riding higher than the sky
        B
And there is fire in every kiss.
C#m   **B C#m C7**
Kisses of fire, kisses of fire.

Chorus 3
   F   **Dm**
𝄆 Kisses of fire, burning, burning,
B♭   **C**
I'm at the point of no returning.
F   **Dm**
Kisses of fire, sweet devotions,
B♭   **C**
Caught in a landslide of emotions. 𝄇 *Repeat to fade*

Knowing Me, Knowing You

Words & Music by Benny Andersson, Stig Anderson & Björn Ulvaeus

Intro | G Em7 | Em Bm | G A | A ||

Verse 1
    D Em7   Bm7   F♯m7
No more care-free laughter,
  D Em7   Bm7   F♯m7
Si - lence ever   after.
  Bm
Walking through an empty house,
          Asus4 A Asus2 A | Asus4 A Asus2 A |
Tears in my eyes,
G
Here is where the story ends,
          Bsus2 Bm
This is goodbye. _____

Chorus 1
        G   **A**
Knowing me, knowing you,
              D
There is nothing we can do.
        G   **A**
Knowing me, knowing you,
                      D G   A
We just have to face it, this time we're through.
 D   **F♯m**   **G**   **A**   **D G A**
Breakin' up is never easy, I know but I have to go.
      D   **Gmaj7**
Knowing me, knowing you,
      A   **D**   **Bm**
It's the best I can do.

| F♯m | G | A | D Bm | F♯m | G | A ||

© Copyright 1976 Universal/Union Songs Musikforlag AB.
Bocu Music Limited for Great Britain and the Republic of Ireland.
Universal Music Publishing Limited for World excluding Great Britain and the Republic of Ireland.
All Rights Reserved. International Copyright Secured.

Verse 2
```
         D    Em7    Bm7   F#m7
```
Mem'ries, good days, bad days,
```
         D     Em7   Bm7  F#m7
```
They'll be with me always.

Bm
In these old familiar rooms
```
                    Asus4 A Asus2 A | Asus4 A Asus2 A |
```
Children would play.

G
Now there's only emptiness,
```
                Bsus2  Bm
```
Nothing to say. ___

Chorus 2
```
              G        A
```
Knowing me, knowing you,
```
                     D
```
There is nothing we can do.
```
              G        A
```
Knowing me, knowing you,
```
                          D  G   A
```
We just have to face it, this time we're through.
```
        D       F#m    G    A      D   G  A
```
 Breakin' up is never easy, I know but I have to go.
```
              D         Gmaj7
```
Knowing me, knowing you,
```
            A    D    Bm
```
It's the best I can do.

| F#m | G | A | D Bm | F#m | G | A |

| Asus4 Bm | Bm | A Bm ||

Chorus 3
```
              G        A
```
Knowing me, knowing you,
```
                     D
```
There is nothing we can do.
```
              G        A
```
Knowing me, knowing you,
```
                          D  G   A
```
We just have to face it, this time we're through.
```
        D       F#m    G    A      D   G  A
```
 Breakin' up is never easy, I know but I have to go.
```
              D         Gmaj7
```
Knowing me, knowing you,
```
            A    D    Bm
```
It's the best I can do.

Repeat to fade

| F#m | G | A |: D Bm | F#m | G | A :|

Lay All Your Love On Me

Words & Music by Benny Andersson & Björn Ulvaeus

Intro

‖: Dm A/C♯ | Dm A/C♯ Dm A7/E | B♭ | A |

| Dm C/E F | B♭6 C | F | F :‖

| Dm | Dm | Dm | Dm |

Verse 1

Dm
I wasn't jealous before we met,
                                  C
Now every woman I see is a potential threat.
Dm
  And I'm possessive, it isn't nice,
                                          C
You've heard me saying that smoking was my only vice.
  Dm
But now it isn't true,
  A7/C♯
Now everything is new.
  Dm   **A7/E**
And all I've learned has overturned.
F6   **G**
I beg of you:

Chorus 1

    Dm A/D Dm A/D Dm A7/D B♭ A
Don't go   wasting your e - mo-tion,
    Dm C/E F   B♭6 C F
Lay all   your love on me.

Link 1

|| Dm | Dm ||

Verse 2

    Dm
  It was like shooting a sitting duck,
                                    C
A little small talk, a smile and, baby, I was stuck.
    Dm
  I still don't know what you've done with me,
                                 C
A grown-up woman should never fall so easily.
  Dm
I feel a kind of fear,
    A7/C♯
When I don't have you near.
  Dm   A7/E
Unsatisfied, I skip my pride,
 F6   G
I beg you dear:

Chorus 2

    Dm A/D Dm A/D Dm A7/D B♭ A
Don't go   wasting your e - mo-tion,
    Dm C/E F   B♭6 C F
Lay all   your love on me.
    Dm A/D Dm A/D Dm A7/D B♭ A
Don't go   sharing your dev - o - tion,
    Dm C/E F   B♭6 C F
Lay all   your love on me.

Link 2

|| Dm | Dm | Dm | Dm ||

Verse 3

Dm
I've had a few little love affairs,
                                              C
They didn't last very long and they've been pretty scarce.
Dm
I used to think that was sensible,
                                   C
It makes the truth even more incomprehensible.
     Dm
'Cause everything is new,
   A7/C♯
And everything is you,
   Dm   **A7/E**
And all I've learned has overturned,
     F6   **G**
What can I do?

Chorus 3

   Dm   **A/D Dm A/D Dm A7/D B♭ A**
‖: Don't go wasting your e - mo-tion,
Dm C/E F   **B♭6 C F**
Lay all   your love on me.
Dm   **A/D Dm A/D Dm A7/D B♭ A**
Don't go sharing your dev - o - tion,
Dm C/E F   **B♭6 C F**
Lay all   your love on me. :‖   *Repeat to fade*

Lovelight

Words & Music by Benny Andersson & Björn Ulvaeus

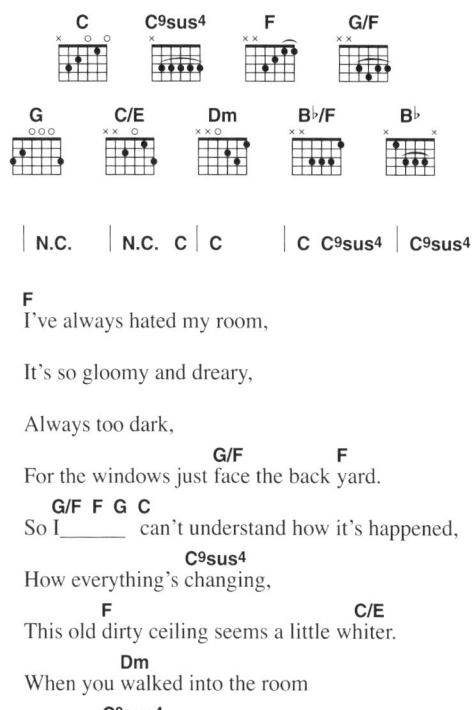

Intro | N.C. | N.C. C | C | C C⁹sus⁴ | C⁹sus⁴ ||

Verse 1
    F
I've always hated my room,

It's so gloomy and dreary,

Always too dark,
                       G/F   **F**
For the windows just face the back yard.
   G/F F G C
So I_____ can't understand how it's happened,
                  C⁹sus⁴
How everything's changing,
     F   **C/E**
This old dirty ceiling seems a little whiter.
       Dm
When you walked into the room
      C⁹sus⁴
It all got so much brighter.

© Copyright 1979 Universal/Union Songs Musikforlag AB.
Bocu Music Limited for Great Britain and the Republic of Ireland.
Universal Music Publishing Limited for World excluding Great Britain and the Republic of Ireland.
All Rights Reserved. International Copyright Secured.

	C9sus4 Bb/F F
Chorus 1	You must have a love-light,

                                       Bb/F F
              Everything around you is love-light.

                                         C
              And I can feel your love anywhere,
              Bb   F   C
              Baby even when you're not there.
                Bb/F F
              But love-light,

                                   Bb/F F
              Everything around you is love-light.

                                        C
              You're shining like a star in the night,
              Bb   F   C
              I won't let you out of my sight.
              Bb   F
              I don't wanna lose you,
              Bb   F   C
              I don't wanna lose your lovelight.

Link 1 | C | C | C C9sus4 | C9sus4 ||

Verse 2
              F
              How I remember,

              The first time we went to a movie,

              We had decided
                    G/F   F
              To meet on a corner downtown.
                G/F F G C
              And I_____ waited there when you came up from behind,
                C9sus4
              Then you kissed me.
            F   C/E
            And the traffic seemed to get a little lighter,
                Dm
            When you came into my life
                C9sus4
            It all got so much brighter.

Chorus 2   As Chorus 1

| *Link 2* | | C | | C | | C | | C | ‖ |

Middle
          F/C G/C C
And I feel so   good,
          F/C G/C C
And I feel so   fine,
          F/C C   C9sus4   **F**
And I know that you must have a lovelight.

Chorus 3
     B♭/F F
You got love-light.
                       C
And I can feel your love anywhere,
B♭   **F**   **C**
Baby even when you're not there.
   B♭/F F
But love-light,
                  B♭/F F
Everything around you is love-light.
                       C
You're shining like a star in the night,
B♭   **F**   **C**
I won't let you out of my sight.
B♭   **F**
I don't wanna lose you,
B♭   **F**   **C**
I don't wanna lose your lovelight.   *To fade*

Lovers (Live A Little Longer)

Words & Music by Benny Andersson & Björn Ulvaeus

| Bm | G | A | E | D | F#m | F# | Bm7 |

Intro
Bm	Bm	G A G A	A
A Bm A Bm	Bm	Bm	Bm
G	G	G A G A	A	
A Bm A Bm	Bm	Bm	Bm
A Bm A Bm	Bm	

Verse 1

Bm
Sit down and listen 'cause I got good news for you,
             E
It was in the papers today.
Bm
  Some physician had made a discovery,
          E
Guess what she had to say:
Bm   **D**
She said that every result she had backed her,
         G   **D**   **F#m**
Claiming that love's a longevity factor, so....

© Copyright 1979 Universal/Union Songs Musikforlag AB.
Bocu Music Limited for Great Britain and the Republic of Ireland.
Universal Music Publishing Limited for World excluding Great Britain and the Republic of Ireland.
All Rights Reserved. International Copyright Secured.

Chorus 1   F#m
Lovers live a little longer, baby,

You and me we gotta chance to live twice.

Lovers live a little longer, ain't that nice?

Lovers live a little longer, baby,

What a feeling when I hold you tight,

Lovers live a little longer, yeah.

Link 1 | F#m | F#m | Bm | Bm |

| G A G A | A | A Bm A Bm | Bm |

| A Bm A Bm | Bm ||

Verse 2
Bm
I can imagine, I see you in my fantasy
           E
I'll enjoy every day.
Bm
  Makin' love is a dynamite drug, baby.
              E
So why don't we start right away,
Bm   D
  I don't care if they're watchin', 'cause listen,
        G   D   F#m
We've got a reason for each time we're kissin' 'cause....

Chorus 2   As Chorus 1

Link 2 | F#m | F#m | F# | F# ||

	Bm **D**
Middle	I just don't care if they're watchin', 'cause listen,
	G **D** **F♯m**
	We've got a reason for each time we're kissin' 'cause....

F♯m

Chorus 3 Lovers live a little longer, baby,

You and me we gotta chance to live twice.

Lovers live a little longer, ain't that nice?

Lovers live a little longer, baby,

What a feeling when I hold you tight,

Lovers live a little longer, yeah.

Link 3 | F♯m | F♯m ‖

F♯m

Chorus 4 Lovers live a little longer, baby,

You and me we gotta chance to live twice.

Lovers live a little longer, yeah.

Outro | F♯m | F♯m | Bm | Bm |
| G A G A | A | A Bm A Bm | Bm⁷ ‖

Mamma Mia

Words & Music by Benny Andersson, Stig Anderson & Björn Ulvaeus

Intro　　‖: D　| Daug　| D　| Daug :‖

Verse 1
```
        D       A/D    D                    G
        I've been cheated by you since I don't know when,
        D       A/D    D                       G
        So I made up my mind, it must come to an end.
        D            Daug
        Look at me now,  will I ever learn?
        D              Daug        G
        I don't know how,  but I suddenly lose control,
                         A6          A
        There's a fire within _ my soul.
        G        D         A
        Just one look and I can hear a bell ring,
        G        D         A
        One more look and I forget everything, w-o-o-o-oh.
```

Chorus 1
```
        D
        Mamma mia, here I go again,
        G   C   G
        My, my, how can I resist you?
        D
        Mamma mia, does it show again,
        G   C   G
        My, my, just how much I've missed you?
        D                  A/C#
        Yes, I've been broken hearted,
        Bm                Bm/A
        Blue since the day we parted,
        G   C   G   Em7    A
        Why, why did I ever let you go?
```

© Copyright 1975 Universal/Union Songs Musikforlag AB
Bocu Music Limited for Great Britain and the Republic of Ireland.
Universal Music Publishing Limited for World excluding Great Britain and the Republic of Ireland.
All Rights Reserved. International Copyright Secured.

	D Bm
cont.	Mamma mia, now I really know,
	G C G Em7 A
	My, my, I could never let you go.

Link | D | Daug | D | Daug ||

Verse 2

D   A/D   D   G
I've been angry and sad about things that you do,
D   A/D   D   G
I can't count all the times that I've told you we're through.
D   Daug
And when you go,   when you slam the door,
D   Daug   G
I think you know   that you won't be away too long,
                        A6   A
You know that I'm not that strong.
G   D   A
Just one look and I can hear a bell ring,
G   D   A
One more look and I forget ev'rything, w-o-o-o-oh.

Chorus 2

D
Mamma mia, here I go again,
G C   G
My, my, how can I resist you?
D
Mamma mia, does it show again,
G C   G
My, my, just how much I've missed you?
D   A/C#
Yes, I've been broken hearted,
Bm   Bm/A
Blue since the day we parted,
G C   G   Em7   A
Why, why did I ever let you go?
D
Mamma mia, even if I say
G C   G
Bye-bye, leave me now or never.
D
Mamma mia, it's a game we play,
G C   G
Bye-bye doesn't mean forever.

Chorus 3

    D
Mamma mia, here I go again,

G C G
My, my, how can I resist you?

D
Mamma mia, does it show again,

G C G
My, my, just how much I've missed you?

D   **A/C♯**
Yes, I've been broken hearted,

Bm   **Bm/A**
Blue since the day we parted,

G C G Em7   **A**
Why, why did I ever let you go?

D   **Bm**
Mamma mia, now I really know,

G C G Em7   **A**
My, my I could never let you go.

Outro   ‖: **D** | **Daug** | **D** | **Daug** :‖ *Repeat to fade*

Me And I

Words & Music by Benny Andersson & Björn Ulvaeus

Intro
‖: Bsus⁴ | Bsus⁴ | B | A/B :‖

‖: B/A A | B/A A | A B/A A | A :‖

Verse 1
     A
Sometimes when I'm mad
     D   **E**   **F♯m**
There's a part of me that seems to be a little sad.
 A
Sometimes when I scream,
     D   **E**   **F♯m**
There's a voice in me that says you shouldn't be so mean.
  E/G♯ A **E/B**
Oh no,____ oh no,
  B   **G♯m**   **C♯m**   **F♯**
Part of me is acting while the other stands beside.
 B
Yes, I am to myself
     A/B
What Jekyll must have been to Hyde.

© Copyright 1980 Universal/Union Songs Musikforlag AB.
Bocu Music Limited for Great Britain and the Republic of Ireland.
Universal Music Publishing Limited for World excluding Great Britain and the Republic of Ireland.
All Rights Reserved. International Copyright Secured.

Chorus 1

E
We're like sun and rainy weather,

Sometimes we're a hit together,

B   A/B
Me and I.

E
Gloomy moods and inspiration,

We're a funny combination,

B   A/B
Me and I.

F♯m   B6
I don't think I'm different or in any way unique,

F♯m
Think about yourself for a minute

N.C.
And you'll find the answer in it,

Everyone's a freak.

Link   ‖: B/A A | B/A A | A B/A A | A :‖

Verse 2

A
Sometimes I have toyed

      D   E   F♯m
With ideas that I got from good old Dr. Freud,

A
Nothing new of course.

     D   E   F♯m
It may seem to you I try to break through open doors.

   E/G♯ A   E/B
Oh no,____ oh no,

 B   G♯m   C♯m   F♯
I_ just wanna say a lot of that applies to me

     B   A/B
'Cause it's an explanation to my split identity.

Chorus 2   As Chorus 1

Instrumental ‖: E | E | B | A/B :‖

                 ‖: B/A A | B/A A | A B/A A | A :‖

Chorus 3

    E
We're like sun and rainy weather,

Sometimes we're a hit together,
B   **A/B**
Me and I.
E
Gloomy moods and inspiration,

We're a funny combination,
B   **A/B**
Me and I.
F♯m   **B6**
I don't think I'm different or in any way unique,
F♯m
Think about yourself for a minute
G♯m7/D♯
And you'll find the answer in it,
E   **C♯**
Everyone's a freak.

Chorus 4

    F♯
We're like sun and rainy weather,

Sometimes we're a hit together,
C♯   **B/C♯**
Me and I.
F♯
Gloomy moods and inspiration,

We're a funny combination,
C♯   **B/C♯**
Me and I.

Outro

‖: C♯/B B | C♯/B B | B C♯/B B | B :‖

‖: B/A A | B/A A | A B/A A | A :‖

‖: E | E | Esus⁴ | Esus⁴ :‖   *Repeat to fade*

Money, Money, Money

Words & Music by Benny Andersson & Björn Ulvaeus

Intro | Am | F7 | Dm E7aug Am | Am ||

| Am | Am |

Verse 1
    Am
I work all night, I work all day
    E7/G♯
To pay the bills I have to pay.
E7   **Am**
  Ain't it sad?

And still there never seems to be
    E7/G♯
A single penny left for me,
E7   **Am**
  That's too bad.

Asus4 **Am**   **E7/A** **Am**   **G**
In my   dreams I have a plan,
F **B♭/F** **F**   **G/F**   **F**
If I   got me a wealthy man
F/E **Dm**
I wouldn't have to work at all,
    B7/D♯   **E7**
I'd fool around and have a ball. ____

| E7 | E7 ||

© Copyright 1976 Universal/Union Songs Musikforlag AB.
Bocu Music Limited for Great Britain and the Republic of Ireland.
Universal Music Publishing Limited for World excluding Great Britain and the Republic of Ireland.
All Rights Reserved. International Copyright Secured.

Chorus 1

    Am   **B7**
Money, money, money,
            E7
Must be funny
   E7aug   **Am**
In a rich man's world.

                       B7
Money, money, money,
            E7
Always sunny
   E7aug   **Am**
In a rich man's world.

 Dm **E7**
Aha, aha.

A7   **Dm**
  All the things I could do

F7 **E** **Am**
If I had a little money,

Dm   **E7aug**   **Am** | **F7** |
  It's a rich man's world.

Dm   **E7aug**   **Am** | **Am** ||
  It's a rich man's world.

Verse 2

Am
A man like that is hard to find,
  E7/G♯
But I can't get him off my mind.
E7   **Am**
  Ain't it sad?

And if he happens to be free
  E7/G♯
I bet he wouldn't fancy me,
E7   **Am**
  That's too bad.

   Asus4 **Am**   **E7/A** **Am** **G**
So I must leave, I'll have to go

F **B♭/F** **F**   **G/F** **F**
  To Las Vegas or Monaco,

F/E   **Dm**
  And win a fortune in a game,
  B7/D♯   **E7**
My life would never be the same.

| **E7** | **E7** ||

	Am **B7**
Chorus 2	Money, money, money,

              E7
        Must be funny

          E7aug   **Am**
        In a rich man's world.

                         B7
        Money, money, money,

              E7
        Always sunny

          E7aug   **Am**
        In a rich man's world.

          Dm **E7**
        Aha, aha.

A7   **Dm**
    All the things I could do

F7 **E** **Am**
If I had a little money,

Dm   **E7aug**   **Am** | **F7** ||
    It's a rich man's world.

        B♭m   **C7**
Chorus 3   Money, money, money,

              F7
        Must be funny

          F7aug   **B♭m**
        In a rich man's world.

                         C7
        Money, money, money,

              F7
        Always sunny

          F7aug   **B♭m**
        In a rich man's world.

          E♭m **F7**
        Aha, aha.

B♭7   **E♭m**
    All the things I could do

G♭7 **F** **B♭m**
If   I   had a little money,

E♭m   **F7aug**   **B♭m** | **G♭7** |
    It's a rich man's world.

E♭m   **F7aug**   **B♭m**
    It's a rich man's world.

Move On

Words & Music by Benny Andersson, Stig Anderson & Björn Ulvaeus

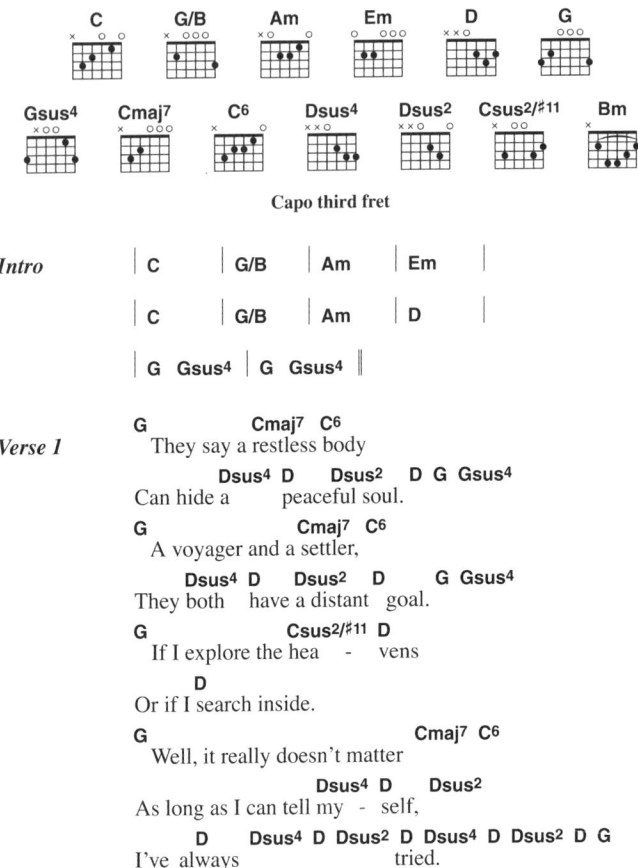

Capo third fret

Intro | C | G/B | Am | Em |
| C | G/B | Am | D |
| G Gsus4 | G Gsus4 ||

Verse 1
   G   Cmaj7 C6
 They say a restless body
    Dsus4 D Dsus2 D G Gsus4
Can hide a peaceful soul.
   G   Cmaj7 C6
 A voyager and a settler,
    Dsus4 D Dsus2 D G Gsus4
They both have a distant goal.
   G   Csus2/#11 D
 If I explore the hea - vens
   D
Or if I search inside.
   G   Cmaj7 C6
 Well, it really doesn't matter
      Dsus4 D Dsus2
As long as I can tell my - self,
   D Dsus4 D Dsus2 D Dsus4 D Dsus2 D G
I've always   tried.

© Copyright 1977 Universal/Union Songs Musikforlag AB.
Bocu Music Limited for Great Britain and the Republic of Ireland.
Universal Music Publishing Limited for World excluding Great Britain and the Republic of Ireland.
All Rights Reserved. International Copyright Secured.

Chorus 1

    D   **G**   **G/B** **C**
Like a roller in the ocean,

                G
Life is motion, move on,

                       D
Like a wind that's always blowing,

    Am   **Em**
Life is flowing, move on.

              G   **C**
Like the sunrise in the morning,

               G
Life is dawning, move on.

               D
How I treasure every minute

    Am   **Bm**
Being part of, being in it

          D   **G** **Gsus4** **G** **Gsus4**
With the urge to move on.

Verse 2

G   **Cmaj7** **C6**
  I've travelled every count - ry,

  Dsus4 **D**   **Dsus2** **D** **G**   **Gsus4**
I've tra - velled in   my mind.

G   **Cmaj7** **C6**
  It seems we're on a jour - ney,

  Dsus4 **D**   **Dsus2** **D** **G**   **Gsus4**
A trip through space and time.

G   **Csus2/♯11** **C**
  And somewhere lies the ans - wer

  D   **G**
To all the questions why.

                     Cmaj7 **C6**
What really makes the diffe - rence

  Dsus4 **D** **Dsus2** **D** **Dsus4** **D** **Dsus2**
Between all dead   and liv - ing things,

D **Dsus4** **D** **Dsus2** **D** **G**
The will to stay   a - live.

Chorus 2

  D **G** **G/B** **C**
  Like a roller in the ocean,
       G
  Life is motion, move on,
        D
  Like a wind that's always blowing,
  Am   **Em**
  Life is flowing, move on.
      G **C**
  Like the sunrise in the morning,
      G
  Life is dawning, move on.
        D
  How I treasure every minute
  Am   **Bm**
  Being part of, being in it
     D   **C** **G/B**
  With the urge to move on.___

Instrumental | **Am** | **Em** | **C** | **G/B** |

      | **Am** | **D** | **G Gsus⁴** | **G Gsus⁴** ||

Verse 3

  G   **Cmaj⁷** **C⁶**
   The morning breeze that rip - ples,
  Dsus⁴ **D** **Dsus²** **D** **G** **Gsus⁴**
  The sur - face of the sea.
  G   **Cmaj⁷** **C⁶**
   The crying of the sea - gulls
  Dsus⁴ **D** **Dsus²** **D** **G** **Gsus⁴**
  That hov - er o - ver me.
  G   **Csus²/♯11** **C**
   I see it and I hear it
  D   **G**
  But how can I explain?
        Cmaj⁷ **C⁶**
  The wonder of the mo - ment,
  Dsus⁴ **D** **Dsus²** **D** **Dsus⁴** **D** **Dsus²**
  To be a - live, to feel the sun
  D **Dsus⁴** **D** **Dsus²** **D G**
   That fol - lows eve - ry rain.

Chorus 3

    D   **G**   **G/B** **C**
Like a roller in the ocean,

           G
Life is motion, move on,

               D
Like a wind that's always blowing,

  Am   **Em**
Life is flowing, move on.

           G   **C**
Like the sunrise in the morning,

           G
Life is dawning, move on.

              D
How I treasure every minute

  Am   **Dsus4**
Being part of, being in it

     D   **G** **(C)**
With the urge to move on.

Outro

‖: | C | C | G | G |
| D | Am | Em | Em G |
| C | C | G | G |
| D | Am | Dsus4 | D G :‖

Repeat to fade with ad lib. vocals

My Mama Said

Words & Music by Benny Andersson & Björn Ulvaeus

Chord diagrams: Dm, A/C#, C6, E7/B, A, Ddim, Dm/A, A7, Bbmaj7, Gm6, A7#5, A9, Bb, C

Intro | Dm | A/C# | C6 E7/B | A | A | A |

Verse 1
Dm   **Ddim**
Tried to sneak out without saying,
A   **Dm**
With my loudest record playing.
A
Ooh, my mama said,
         Dm/A   **A**
"Look at this, you haven't done your bed."
A7
My mama said,
         Dm/A   **A**
"That's a thing that you should do instead."

Verse 2
Dm   **Ddim**
Then I did what she had told me,
A   **Dm**
Dying for my friend to hold me.
A
Ooh, my mama said,
         Dm/A   **A**
"Try and get one thing into your head."
A7
My mama said,
         Dm/A   **A**
"Pa and me, we give you room and bed."
     Dm
How I wanna live my life,
Bbmaj7   **Gm6**   **A7#5 Dm**
Wanna live my life, la la la, la la la, life.

© Copyright 1974 Universal/Union Songs Musikforlag AB.
Bocu Music Limited for Great Britain and the Republic of Ireland.
Universal Music Publishing Limited for World excluding Great Britain and the Republic of Ireland.
All Rights Reserved. International Copyright Secured.

Link 1 | (Dm) | A/C♯ | C6 E7/B | A | A | A ‖

Verse 3
Dm　　　　　　　　　　Ddim
In the morning she said, "Listen,"
A　　　　　　Dm
Ooh, I felt like in a prison.
　A
Yeah, my mama said,
　　Dm/A　　　　　　　　　　A
"I know you've been out again with Fred."
A7
My mama said,
　　Dm/A　　　　　　　　　　　　A
"Don't you lie, your cheeks are blushing red."
Dm
Oh, I wanna live my life,
B♭maj7　　　　　　Gm6　　A7♯5 Dm
Wanna live my life, la la la, la la la, life.

Link 2 | (Dm) | A/C♯ | C6 E7/B | A ‖

Gtr. Solo ‖: A9 A7 | A9 A7 | A9 A7 | A9 A7 :‖ A | A ‖

Verse 4
Dm　　　　　　　　　　Ddim
I said, "I can't live without him,
A　　　　　　　　　Dm
How I wish you wouldn't doubt him."
　A
Ooh, my mama said,
　　Dm/A　　　　　　　A
"If you wanna hurt me go ahead."
A7
My mama said,
　　Dm/A　　　　　　　　　　A
"I suppose you'd rather see me dead?"
Dm
Oh, I wanna live my life,
B♭maj7
Wanna live my life,
‖: Gm6　　A7♯5　　Dm
　La la la, la la la, life.
B♭　　C　　　Dm
La la la, la la la, life. :‖ *Repeat to fade*

My Love, My Life

Words & Music by Benny Andersson, Stig Anderson & Björn Ulvaeus

Intro
Cadd9/♯11 C
Ah,   ah.
Cadd9/♯11 C
Ah,   ah.

Verse 1
C   Gmaj7/B G7/B
I've seen it on your face,
C   F/C C   F/C C F6   D7/F♯   G
Tells me more than an - y worn-out old   phrase,
G♯dim Am   D7/F♯   G   Em
So_____ now we'll go separate ways.
Am   D7   G   Em
Never again we two,__
Am   Am/G   D7sus4 D7 G G7 G6
Never again, nothing I   can do.____

Chorus 1
   G   G7   G6   G
   Like an image passing by,
     G7/B   C
My love, my life.
        F6   D7/F♯   G
In the mirror of your eyes,
        G7   C
My love, my life.
                   D7/F♯
I can see it all so clearly,
D7   Gmaj7 Em
Answer me sincerely,
Am   Am/G D7/F♯   G
"Was it a_ dream, a lie?"

cont.	**G7** **G6** **G**
	Like reflections of your mind,
	  G7/B **C**
	My love, my life,
	       F6 **D7/F♯** **G**
	Are the words you try to find,
	  G7 **C**
	My love, my life.
	  C/E **F**
	But I know I don't possess you,
	 G7 **C/E**
	So go away, God bless you.
	C **F** **E** **Am**
	You are still my love and my life,
	F **C**
	Still my one and only.

Verse 2	**C** **Gmaj7/B** **G7/B** I've watched you look away, **C** **F/C C F/C C F6** **D7/F♯** **G** Tell me, 'Is it real-ly so hard to say?' **G♯dim Am** **D7/F♯** **G** **Em** Oh, this has been my longest day, **Am** **Am/G D7** **G Em** Sitting here close to you,___ **Am** **Am/G** **D7sus4 D7** **G G7 G6 G** Knowing that maybe, tonight, we're through.___

Chorus 2	**G** **G7** **G6** **G**
	  Like an image passing by,
	  G7/B **C**
	My love, my life.
	      F6 **D7/F♯** **G**
	In the mirror of your eyes,
	  G7 **C**
	My love, my life.
	            D7/F♯
	I can see it all so clearly,
	D7 **Gmaj7 Em**
	Answer me sincerely,
	Am **Am/G D7/F♯** **G**
	"Was it a_ dream, a lie?"

cont.
        G7   **G6**   **G**
Like reflections of your mind,
   G7/B   **C**
My love, my life,
        F6   **D7/F♯** **G**
Are the words you try to find,
   G7   **C**
My love, my life.
  C/E   **F**
But I know I don't possess you,
  G7   **C/E**
So go away, God bless you.
C   **F**   **E**   **Am**
You are still my love and my life.
   C   **F**
Yes, I know I don't possess you,
  G7   **C**
So go away, God bless you.
           F   **E**   **Am**
You are still my love and my life,
F   **C**
Still my one and only.

The Name Of The Game

Words & Music by Benny Andersson, Stig Anderson & Björn Ulvaeus

[Chord diagrams: Dm, Am, G, G/B, B♭maj7, Gm7, C11, F, B♭, C, C/B♭, A, B♭/F, E♭/B♭, Em7, A7]

Capo fourth fret

Intro	| Dm | Am | Dm | Am | Dm | Am | Dm G | G |

Verse 1
    Dm   Am Dm   Am
I've seen you twice,   in a short time,
    Dm   Am   Dm G
Only a week since we start - ed.
    Dm   Am Dm   Am
It seems to me,   for ev'ry time,
    Dm   Am   Dm G
I'm getting more open-heart - ed.
    Dm   G/B
  I was an impossible case,
    Am   B♭maj7
  No-one ever could reach me,
    Dm   G/B
  But I think I can see in your face
    Am   B♭maj7
  There's a lot you can teach me.
     Gm7   C11
So I wanna know…

Chorus 1
                     F
What's the name of the game?
  B♭   C   C/B♭ F   \| B♭   \| C   \|
  Does it mean anything to you?
  B♭   F
  What's the name of the game?
  B♭   C   C/B♭ F
  Can you feel it the way I do?

© Copyright 1977 Universal/Union Songs Musikforlag AB.
Bocu Music Limited for Great Britain and the Republic of Ireland.
Universal Music Publishing Limited for World excluding Great Britain and the Republic of Ireland.
All Rights Reserved. International Copyright Secured.

cont.

    A   **Dm**   **G/B**   **C**
Tell me please, 'cause I have to know,
   A   **Dm** **G/B**   **C11**
I'm a bashful child, beginning to grow.
  F   **B♭/F**
And you make me talk, and you make me feel,
  F   **B♭** **E♭/B♭** **B♭**
And you make me show what I'm try - ing   to conceal.
  F   **B♭/F**
If I trust in you, would you let me down?
  F   **Dm**   **Em7** **A7**
Would you laugh at me, if I said I care for you?
    B♭maj7
Could you feel the same way too?
Gm7   **C11**
I wanna know...
               Dm | **Am** | **Dm** | **Am** |
The name of the game.

| **Dm** | **Am** | **Dm** **G** | **G** ||

Verse 2

Dm   **Am** **Dm**   **Am**
I have no friends, no-one to see,
Dm   **Am**   **Dm** **G**
And I am never invi - ted.
Dm   **Am** **Dm**   **Am**
Now I am here, talking to you,
Dm   **Am**   **Dm** **G**
No wonder I __ get exci - ted.
Dm   **G/B**
  Your smile, and the sound of your voice,
Am   **B♭maj7**
  And the way you see through me,
Dm   **G/B**
  Got a feeling, you gimme no choice,
Am   **B♭maj7**
  But it means a lot to me.
  Gm7   **C11**
So I wanna know...

Chorus 2

                F
What's the name of the game?
B♭   **C**   **C/B♭** **F** | **B♭** | **C** |
  Does it mean anything to you?

cont.

    B♭   F
What's the name of the game?

    B♭   C   C/B♭ F
Can you feel it the way I do?

A   Dm   G/B   C
Tell me please, 'cause I have to know,

     A   Dm   G/B   C11
I'm a bashful child, beginning to grow.

   F   B♭/F
And you make me talk, and you make me feel,

   F   B♭   E♭/B♭ B♭
And you make me show what I'm try - ing   to conceal.

 F   B♭/F
If I trust in you, would you let me down?

   F   Dm   Em7 A7
Would you laugh at me, if I said I care for you?

      B♭maj7
Could you feel the same way too?

Gm7   C11
I wanna know…

      Gm7   C11
Oh yes, I wanna know…

Outro

         F
The name of the game.

     B♭
‖: (I was an impossible case,)

  C   C/B♭ F
Does it mean anything to you?

     B♭
(But I think I can see in your face,

C   B♭
  And it means that I love you.)

          F
What's the name of the game?

     B♭
(Your smile and the sound of your voice,)

  C   C/B♭ F
Can you feel it the way I do?

     B♭
(Got a feeling you give me no choice,

C   B♭
  But it means that I love you.)

         F
What's the name of the game? :‖ *Repeat to fade*

Nina, Pretty Ballerina

Words & Music by Benny Andersson & Björn Ulvaeus

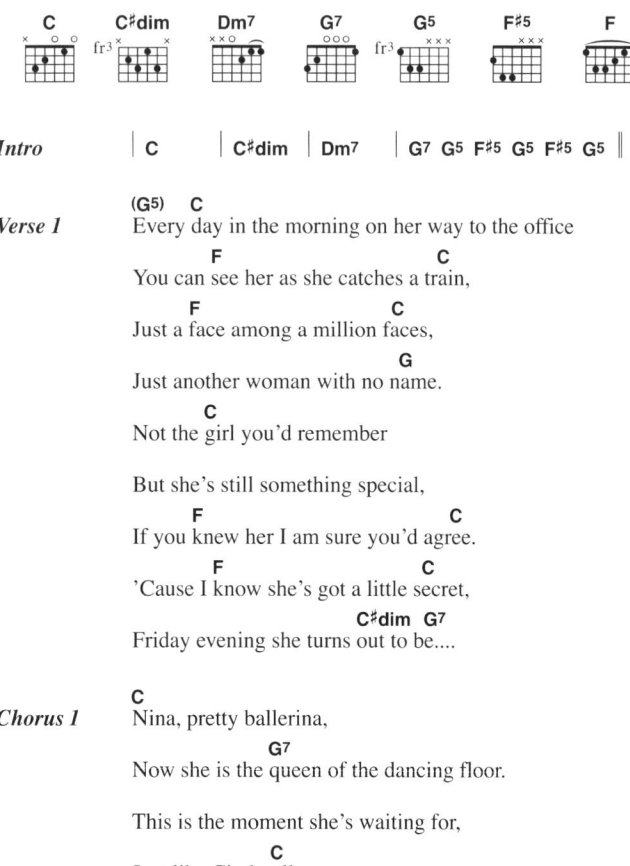

Intro | C | C#dim | Dm7 | G7 G5 F#5 G5 F#5 G5 ||

Verse 1
     (G5) C
Every day in the morning on her way to the office
    F   C
You can see her as she catches a train,
    F   C
Just a face among a million faces,
                        G
Just another woman with no name.
    C
Not the girl you'd remember

But she's still something special,
    F   C
If you knew her I am sure you'd agree.
    F   C
'Cause I know she's got a little secret,
                      C#dim G7
Friday evening she turns out to be....

Chorus 1
  C
Nina, pretty ballerina,
               G7
Now she is the queen of the dancing floor.

This is the moment she's waiting for,
            C
Just like Cinderella.

© Copyright 1973 Universal/Union Songs Musikforlag AB.
Bocu Music Limited for Great Britain and the Republic of Ireland.
Universal Music Publishing Limited for World excluding Great Britain and the Republic of Ireland.
All Rights Reserved. International Copyright Secured.

cont.
Nina, pretty ballerina,
    G7
Who would ever think she could be this way?

This is the part that she likes to play
    C   **G7**
But she knows the fun would go away
  C **C♯dim** **G7** **G5** **F♯5** **G5** **F♯5** **G5**
If she would play it every day.

Verse 2
(G5) **C**
So she's back every morning to her work at the office
 F   **C**
And another week to live in a dream,
 F   **C**
And another row of early mornings
    G
In an almost never-ending stream.
 C
Doesn't talk very often,

Kind of shy and uncertain.
 F   **C**
Everybody seems to think she's a bore
 F   **C**
But they wouldn't know her little secret,
    C♯dim **G7**
What her Friday night would have in store;

Chorus 2
‖: **C**
Nina, pretty ballerina,
  G7
Now she is the queen of the dancing floor.

This is the moment she's waiting for,
  C
Just like Cinderella.

Nina, pretty ballerina,
  G7
Who would ever think she could be this way?

This is the part that she likes to play,
  C **C♯dim** **G7**
She would like to play it every day. :‖   *Repeat to fade*

On And On And On

Words & Music by Benny Andersson & Björn Ulvaeus

Intro
C	C	C	C
F7	F7	C7	C7
C7	C7	C7	C7
F7	F7	C7	C7	

Verse 1
C   B♭   C
I was at a party and this feller said to me,
                              B♭   C
"Something bad is happening, I'm sure you do agree.
         Fsus4   F   Fsus4   F   C
People care for nothing, no respect for human rights,
B♭   C   B♭   F
Evil times are coming, we are in for darker nights."

| C | C ||

Verse 2
C   B♭   C
I said, "Who are you to talk about impending doom?"
                              B♭   C
He got kinda wary as he looked around the room.
         Fsus4   F   Fsus4   F   C
He said, "I'm a minis - ter, a big shot in the state."
B♭   C   B♭   F
I said, "I just can't believe it, boy, I think it's great!
  C   Fsus4   F   Fsus4   F   C
Brother can you tell me what is right and what is wrong?'
B♭   C   B♭   F
He said, "Keep on rocking baby, 'til the night is gone."

© Copyright 1980 Universal/Union Songs Musikforlag AB.
Bocu Music Limited for Great Britain and the Republic of Ireland.
Universal Music Publishing Limited for World excluding Great Britain and the Republic of Ireland.
All Rights Reserved. International Copyright Secured.

Chorus 1

    C7
On and on and on,

Keep on rocking baby

'Til the night is gone.

F7
On and on and on,

C7
'Til the night is gone.

On and on and on,

Keep on rocking baby

'Til the night is gone.

F7
On and on and on,

C7
'Til the night is gone.

Verse 3

    C   **B♭**   **C**
Over in the corner I could see this other guy,

                   B♭   **C**
He was kinda flirty, he was giving me the eye.

         Fsus4 F   **Fsus4 F**   **C**
So I took advantage of the fact that I'm a star,

B♭   **C**   **B♭**   **F**
Shook my hair and took a casual stroll up to the bar.

| C | C ‖

Verse 4

    C   **B♭**   **C**
And as sure as hell this guy was coming up to me,

                        B♭   **C**
He said, "Who am I and who are you and who are we?"

          Fsus4 F   **Fsus4**   **F**   **C**
"What's our situation, do we have some time for us?"

B♭   **C**   **B♭**   **F**
I said, "I was not exactly waiting for the bus."

 C   **Fsus4 F**   **Fsus4 F**   **C**
He said, "If you're going somewhere can I come along?"

B♭   **C**   **B♭**   **F**
I said, "Keep on rocking baby 'til the night is gone."

Chorus 2   As Chorus 1

Instrumental | C7 | C7 | C7 | C7 |
                    | F7 | F7 | C7 | C7   ‖

Chorus 3   𝄆 C7
On and on and on,

Keep on rocking baby

'Til the night is gone.
F7
On and on and on,
C7
'Til the night is gone.

On and on and on,

Keep on rocking baby

'Til the night is gone.
F7
On and on and on,
C7
'Til the night is gone. 𝄇   *Repeat to fade*

One Man, One Woman

Words & Music by Benny Andersson & Björn Ulvaeus

Intro | D A E | F#m D A/C# |
| Bm7 A/C# D D/E | D/A E/A E ||

Verse 1
   A
No smiles, not a single word
     C#m7
At the breakfast table.
   D   Dm6   A/E Dm6 E7b9
Though I would have liked to begin,
   A
So much that I wanna say,
     C#m7
But I feel unable.
   D   Dm6
You leave and you slam the door
   A   Bm7b5
Like you've done many times before
A/C# F#m7 Bm A/C# D E
And I cry and I feel so   helpless.

Chorus 1
   A   E
One man, one woman,
   D   A
Two friends and two true lovers.
   D   A
Somehow we'll help each other
F#m   Esus4 E
Through the hard times.___

© Copyright 1977 Universal/Union Songs Musikforlag AB.
Bocu Music Limited for Great Britain and the Republic of Ireland.
Universal Music Publishing Limited for World excluding Great Britain and the Republic of Ireland.
All Rights Reserved. International Copyright Secured.

cont.

    A   **E**
  One man, one woman,

D   **A**
  One life to live together.

D   **A**
  One chance to take

        E   **F♯m E**
That never comes back again,

D   **B/D♯** **D/E**   **E D/A E/A E**
You and me   to the end.__

Verse 2

A
  Outside I can see the sun

        C♯m7
Through the open window.

D   **Dm6**   **A/E Dm6 E7♭9**
  Inside everything feels so cold

A
  What's wrong, what is happening?

        C♯m7
Where did all our love go?

D   **Dm6**
  Sometimes when I just can't cope,

A   **Bm7♭5**
  I cling to a desperate hope

A/C♯ **F♯m7**   **Bm A/C♯ D E**
And I cry and I feel like   crying.

Chorus 2

    A   **E**
  One man, one woman,

D   **A**
  Two friends and two true lovers.

D   **A**
  Somehow we'll help each other

F♯m   **Esus4 E**
Through the hard times.__

    A   **E**
  One man,   one woman,

D   **A**
  One life to live together.

D   **A**
  One chance to take

        E   **F♯m E**
That never comes back again,

D   **B/D♯** **D/E**   **E (D A)**
You and me   to the end.__

Instrumental ‖: D A E | F♯m D A/C♯ |

| Bm7 A/C♯ D D/E | D/A E/A E :‖

Verse 3

A
　Daydreams of a better life
　　　C♯m7
But I have to wake up.

D　　　　　　Dm6　　　A/E Dm6 E7♭9
　The sound of a key in the door,

A
　You smile and I realise
　　　C♯m7
That we need a shake-up.

D　　　　　Dm6
　Our love is a precious thing,

A　　　　　　　　　Bm7♭5
　Worth the pain and the suffering

A　　F♯m7　Bm A/C♯ D　　E
And it's never too late for　changing.

Chorus 3

A　　　　E
　One man, one woman,

D　　　　　　　A
　Two friends and two true lovers.

D　　　　　　　A
　Somehow we'll help each other

F♯m　　　　　　Esus4 E
Through the hard times.___

A　　　　E
　One man,　one woman,

D　　　　A
　One life to live together.

D　　　　　A
　One chance to take

　　　　　E　　　　　F♯m E
That never comes back again,

D　　　B/D♯ D/E　E D A/C♯
You and me　　to the end.___

Bm7　　A/C♯ D　　Esus4
You and me　　to the end.___

Outro　　‖: A　　| E　　| D　　| A　　|

| D　　| A　　| F♯m　| E　　:‖ *Repeat to fade*

One Of Us

Words & Music by Benny Andersson & Björn Ulvaeus

Intro

| G | G | G G/F# |

| Em G/D | C E7 | Am |

| A7/C# | G/D G | Am/D |

| D | G | G ||

Verse 1

G   Gmaj7
 They passed me by,

Bm   Esus4 Em/D
All of those great roman - ces.

C   Bm
 You were, I felt,

            D/C   C   Dsus4   D
Robbing me of my rightful chan - ces.

G   Gmaj7
 My picture clear,

Bm   Emsus4 Em/D
Everything seemed so ea - sy,

C   Bm
 And so I dealt you the blow,

     Em
One of us had to go,

Am
Now it's different,

Am/G   D
I want you to know.

Chorus 1

      G
One of us is cryin',

G/F♯   **Em**
One of us is lyin'

Em/D   **C** **E7**   **Am**
In her lonely bed, ___

A   **D**
Staring at the ceiling,

C   **D**   **G** **Em** **C**
Wishing she was somewhere else instead. ___

D   **G**
One of us is lonely,

G/F♯   **Em**
One of us is only

Em/D   **C**   **E7**
Waiting for a call. ___

Am   **A7/C♯**
  Sorry for herself,

        G/D
Feeling stupid, feeling small,

Am/D   **D**
Wishing she had never left at all.

Verse 2

G   **Gmaj7**
  I saw myself

Bm   **Esus4** **Em/D**
As a concealed attrac - tion,

C   **Bm**   **D/C**
  I felt you kept me away

     C   **Dsus4** **D**
From the heat and the ac - tion.

G   **Gmaj7**
  Just like a child,

Bm   **Esus4** **Em/D**
Stubborn and misconceiv - ing,

C   **Bm**
  That's how I started the show,

    Em
One of us had to go.

Am
Now I've changed

    Am/G   **D**
And I want you to know.

Chorus 2

          G
One of us is cryin',

G/F♯   **Em**
One of us is lyin'

Em/D   **C** **E7**   **Am**
In her lonely bed, ___

A   **D**
Staring at the ceiling,

C   **D**   **G** **Em** **C**
Wishing she was somewhere else instead. ___

D   **G**
One of us is lonely,

G/F♯   **Em**
One of us is only

Em/D   **C** **E7**
Waiting for a call. ___

Am   **A7/C♯**
  Sorry for herself,

       G/D
Feeling stupid, feeling small,

Am/D   **D**
Wishing she had never left at all.

       G **G/F♯**
Never left at all. ___

Outro

| **Em** **Em/D** | **C** **E7** |

Am **A**   **D**
   Staring at the ceiling,

C   **D**   **G** **Em** **C**
Wishing she was somewhere else instead. ___

D   **G**
One of us is lonely,

G/F♯   **Em**
One of us is only

Em/D   **C** **E7**
Waiting for a call. ___

Am   **A7/C♯**
  Sorry for herself,

       G/D
Feeling stupid, feeling small,

Am/D   **D**
Wishing she had never left at all. *Fade out*

Our Last Summer

Words & Music by Benny Andersson & Björn Ulvaeus

Verse 1
        D   D/C#   Bm7
The summer air was soft and warm,

     D/A   G
The feeling right, the Paris night

D/F#   Em   Em/D
Did it's best to please us.

A   E/G#   F#m11 E
And strolling down the Elysée

A   A/G   D/F#
We had a drink in each café.

A7/E D D/C#   Bm7   D/A
And   you, you talked of politics, philosophy,

     G D/F#   G6   A
And I   smiled like Mona Lisa.

Em7   Em6
We had our chance,

Em(b6)   Em   Asus4 A Asus2
  It was a fine and true romance._____

Chorus 1
A   D   F#m   Gadd9
I can still recall our last summer.

A   D   F#m   Gadd9
I still see it all,_____

A   D   F#7   Bm
Walks along the Seine, laughing in the rain.

F#m/A Gadd9 A7   Dsus4
Our last summer, memories that remain.

© Copyright 1980 Universal/Union Songs Musikforlag AB.
Bocu Music Limited for Great Britain and the Republic of Ireland.
Universal Music Publishing Limited for World excluding Great Britain and the Republic of Ireland.
All Rights Reserved. International Copyright Secured.

Verse 2
    D   **D/C♯**   **Bm7**
  We made our way along the river
         D/A   **G**   **D/F♯**   **Em Em/D**
And we sat down in the grass by the Eiffel tower.
A   **E/G♯**   **F♯m11** **E**
I was so happy we had met,
A   **A/G**   **D/F♯ A7/E D** **D/C♯**
It was the age of no regret, oh,   yes.
Bm7   **D/A**   **G**   **D/F♯**   **G6** **A**
Those crazy years, that was the time of the flower-power.
Em7   **Em6 Em(♭6)**   **Em**
But underneath we had a fear of flying,
Em7   **Em6 Em(♭6)**   **Em**
Of getting old,   a fear of slowly dying.
Em7   **Em6**
We took the chance,
Em(♭6)   **Em**   **Asus4 A Asus2**
Like we were dancing our last dance.____

Chorus 2
A   **D F♯m** **Gadd9**
I can still recall our last summer.
A   **D F♯m** **Gadd9**
I still see it all,_____
A   **D**   **F♯7**   **Bm**
In the tourist jam, 'round the Notre Dame.
F♯m/A Gadd9 **A7**   **Dsus4 D Dsus2**
Our last summer, walking hand in hand._____

Chorus 3
A   **D**   **F♯m** **Gadd9**
Paris restaurants, our last summer.
A   **D F♯m** **Gadd9**
Morning croissants,_____
A   **D** **F♯7**   **Bm**
Living for the day, worries far away.
F♯m/A Gadd9 **A7**   **Dsus4**
Our last summer, we could laugh and play.

Guitar Solo
G	D/F♯	A7/E	F♯7
G A/G D	A	D7	
G	D/F♯	A7/E	F♯7
G	D	A7sus4	A7 ‖

Verse 3

D　　　　　　　　**D/C♯**　　**Bm7**
　And now you're working in a bank.

　　　　D/A　　　**G**
A family man, a football fan,

D/F♯　　　　　**Em Em/D**
And your name is Harry.

A
　How dull it seems,

E　　　　　　　　　**A**　　**A7**
　Yet, you're the hero of my dreams.

Chorus 4

A　　　　**D**　**F♯m**　**Gadd9**
I can still recall our last summer.

A　　　**D**　**F♯m**　**Gadd9**
I still see it all,_____

A　　　　　**D**　　　**F♯7**　　　**Bm**
Walks along the Seine, laughing in the rain.

F♯m/A　**Gadd9**　**A7**　　　　　　**Dsus4 D Dsus2**
Our last summer, memories that remain.

Chorus 5

A　　　　**D**　**F♯m**　**Gadd9**
I can still recall our last summer.

A　　　**D**　**F♯m**　**Gadd9**
I still see it all,_____

A　　　　**D**　　　**F♯7**　　　**Bm**
In the tourist jam, 'round the Notre Dame.

F♯m/A　**Gadd9**　**A7**　　　　　　**Dsus4 D Dsus2**
Our last summer, walking hand in hand._____

Chorus 6

A　　　　**D**　**F♯m**　**Gadd9**
Paris restaurants, our last summer.

A　　　　**D F♯m Gadd9**
Morning croissants,_____

A　　　　**D**　**F♯7**　　　**Bm**
Living for the day, worries far away.

F♯m/A　**Gadd9**　**A7**　　　　　　**Dsus4**
Our last summer, we could laugh and play.　　*To fade*

People Need Love

Words & Music by Benny Andersson & Björn Ulvaeus

Chorus 1
       B   B/D♯   E
People need hope, people need loving,
       F♯   F♯/A♯ B
People need trust from a fellow man.
              B/D♯   E
People need love to make a good living,
       F♯   F♯/A♯ B
People need faith in a helping hand.

Verse 1
     B   B/D♯   E   E/G♯
Man has always wanted a woman by his side
     F♯   F♯/A♯   B
To keep him company._
              B/D♯   E
Women always knew that it takes a man
   E/G♯   F♯   B   F♯
To get matrimonial harmony._
 B   B/D♯   E   E/G♯
Everybody knows that a man who's feeling down
     F♯   F♯/A♯   B
Wants some female sympathy._
             B7/D♯   E
Gotta have love to carry on living,
     F♯   F♯/A♯ B
Gotta have love 'til eterni - ty.

Chorus 2
       B   B/D♯   E
People need hope, people need loving,
       F♯   F♯/A♯ B
People need trust from a fellow man.
              B/D♯   E
People need love to make a good living,
       F♯   F♯/A♯ B
People need faith in a helping hand.

© Copyright 1973 Universal/Union Songs Musikforlag AB.
Bocu Music Limited for Great Britain and the Republic of Ireland.
Universal Music Publishing Limited for World excluding Great Britain and the Republic of Ireland.
All Rights Reserved. International Copyright Secured.

cont.

       B **B/D♯** **E**
La la la la, la la la la la,
       F♯   **F♯/A♯** **B**
La la la la la la la la la.
      B/D♯ **E**
La la la la, la la la la la,
      F♯   **F♯/A♯** **B**
La la la la, la la la la la.

Verse 2

B   **B/D♯** **E**   **E/G♯**
Flowers in the desert need a drop of rain
      F♯   **F♯/A♯** **B**
Like a woman needs her man.
        B/D♯   **E**   **E/G♯**
If a man's in love and his woman wants the moon,
      F♯   **B** **F♯**
Then he'll take it down if he can.
B   **B/D♯**   **E**   **E/G♯**
Somebody who loves you and somebody who cares,
  F♯   **F♯/A♯** **B**
Isn't that what you call a friend?
        B7/D♯ **E**
Gotta have love to carry on living,
  F♯   **F♯/A♯** **B**
Isn't it easy to under-stand?

Chorus 3   As Chorus 2

Chorus 4

          C♯ **C♯/F**   **F♯**
𝄆 People need hope, people need loving,
      G♯   **G♯/C** **C♯**
People need trust from a fellow man.
          C♯/F   **F♯**
People need love to make a good living,
     G♯   **G♯/C** **C♯**
People need faith in a helping hand.
    C♯ **C♯/F** **F♯**   **G♯**   **G♯/C** **C♯**
La la la la, la la la la la, la la la la, la la la la la.
    C♯ **C♯/F** **F♯**   **G♯**   **G♯/C** **C♯**
La la la la, la la la la la, la la la la, la la la la la. 𝄇

Repeat to fade

Ring, Ring

Words & Music by Benny Andersson, Phil Cody,
Neil Sedaka, Stig Anderson & Björn Ulvaeus

Intro | A | A | A | A ||

Verse 1
       A
I was sitting by the phone,

                D
I was waiting all alone,

                                          A
Baby, by myself I sit and wait and wonder about you.

It's a dark and dreary night,

                            D
Seems like nothing's going right,

                                                  A
Won't you tell me honey how can I go on here without you?

E7
Yes, I'm down and feeling blue

And I don't know what to do, oh.

Chorus 1
    A   **E7**
Ring ring, why don't you give me a call?

                                A
Ring ring, the happiest sound of them all.

                                    E7
Ring ring, I stare at the phone on the wall

Bm
And I sit all alone impatiently,

Won't you please understand the need in me.

E7   **A**
So, ring ring, why don't you give me a call?

E7   **A**
So, ring ring, why don't you give me a call?

© Copyright 1973 Universal/Union Songs Musikforlag AB.
Bocu Music Limited for Great Britain and the Republic of Ireland.
Universal Music Publishing Limited for World excluding Great Britain and the Republic of Ireland.
All Rights Reserved. International Copyright Secured.

Verse 2
                      A
You were here and now you're gone,

                    D
Hey, did I do something wrong?

                                         A
I just can't believe that I could be so madly mistaken.

Was it me or was it you?

                 D
Tell me, are we really through?

Won't you hear me cry

                           A
And you will know that my heart is breaking.

 E7
Please forgive and then forget,

Or maybe darling, better yet, oh.

Chorus 2
A   E7
Ring ring, why don't you give me a call?

                           A
Ring ring, the happiest sound of them all.

                              E7
Ring ring, I stare at the phone on the wall,

Bm
And I sit all alone impatiently,

Won't you please understand the need in me.

E7   A
So, ring ring, why don't you give me a call?

E7   A
So, ring ring, why don't you give me a call?

𝄆   E7   A
Oh, ring ring, why don't you give me a call?

E7   A
So, ring ring, why don't you give me a call? 𝄇 *Repeat to fade*

The Piper

Words & Music by Benny Andersson & Björn Ulvaeus

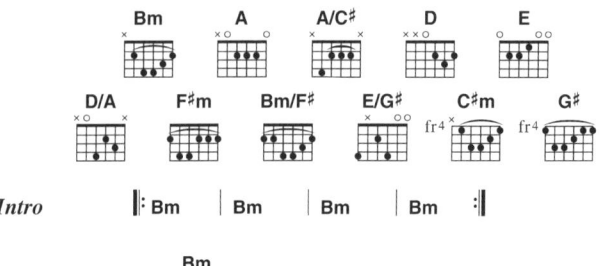

Intro   ‖: Bm | Bm | Bm | Bm :‖

Verse 1
    Bm
They came from the hills

And they came from the valleys and the plains.

They struggled in the cold

In the heat and the snow and in the rain.
      A   **Bm A/C# D A/C#**
Came to hear him play,
Bm   **A** **Bm A/C# D E**
Play their minds away.

Chorus 1
   A   **D/A** **A**
We're all following a strange melody,
                D E
We're all summoned by a tune,
F#m   **Bm/F# F#m**
We're following the pi - per
     D   **E**   **A E**
And we dance beneath the moon.

| **A** | **D/A A** | **A** | **D E** |

F#m   **Bm/F# F#m**
We're following the pi - per
     D   **E**   **A** **E A**
And we dance beneath the moon for him,
     D   **E**   **A E A**
And we dance beneath the moon._

© Copyright 1980 Universal/Union Songs Musikforlag AB.
Bocu Music Limited for Great Britain and the Republic of Ireland.
Universal Music Publishing Limited for World excluding Great Britain and the Republic of Ireland.
All Rights Reserved. International Copyright Secured.

cont.

| A E/G♯ | C♯m F♯m | F♯m E | C♯m G♯ C♯m |

A E/G♯　C♯m F♯m　E　C♯m G♯ C♯m
Sub　lu - na sal - ta　-　mus.

‖: Bm | Bm | Bm | Bm :‖

Verse 2
    Bm
They came from the south

From the west and the north and from the east.

They waited for the man

Like a parish is waiting for the priest.
        A   **Bm　A/C♯　D　A/C♯**
Longed to hear him play,
Bm　 **A**　 **Bm　A/C♯　D　E**
Play their minds away.

Chorus 2   As Chorus 1

Verse 3
    Bm
He gave them a dream,

He seduced everybody in the land.

The fire in his eyes

And the fear was a weapon in his hand.
      A   **Bm　A/C♯　D　A/C♯**
So they let him play,
Bm　 **A**　 **Bm　A/C♯　D　E**
Play their minds away.

Chorus 3

    A   **D/A**   **A**
We're all following a strange melody,
                      D E
We're all summoned by a tune,
F♯m   **Bm/F♯** **F♯m**
We're following the pi - per
         D   **E**   **A E**
And we dance beneath the moon.

| **A** | **D/A A** | **A** | **D E** |

F♯m   **Bm/F♯** **F♯m**
We're following the pi - per
         D   **E**   **A E A**
And we dance beneath the moon for him,
         D   **E**   **A E A**
And we dance beneath the moon._

| **D E** | **E A E** |

         D   **E**   **A**
And we dance beneath the moon.

Slipping Through My Fingers

Words & Music by Benny Andersson & Björn Ulvaeus

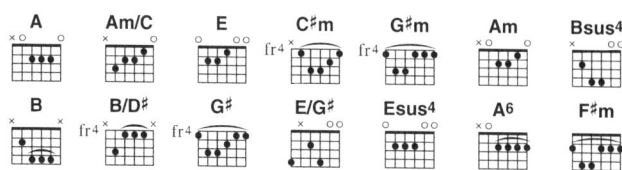

Capo first fret

Verse 1
```
        A             Am/C
Schoolbag in hand,
         E                 C#m
She leaves home in the early morning,
   A          Am/C       E            G#m
Waving goodbye with an absent-minded smile.
A           Am
I watch her go
       E                  C#m
With a surge of that well known sadness,
   A         Bsus4  B     E
And I have to sit down for a while.
    A             B/D#       E   G#
The feeling that I'm losing her forever
     A            B             E
And without really entering her world,
E/G#  A             B/D#              E
 I'm glad whenever I_ can share her laughter,
     Bsus4  B    Esus4  E
That funny  little girl.
```

Chorus 1

  E   A6   E
Slipping through my fingers all the time,
 G♯m   F♯m
I try to capture every minute,
 A E
The feeling in it,
        Bsus4 B E
Slipping through my fingers all the time.
  A6   E
Do I really see what's in her mind?
    G♯m   F♯m
Each time I think I'm close to knowing,
 A   E
She keeps on growing,
        Bsus4 B E
Slipping through my fingers all the time.

Verse 2

A   Am
Sleep in our eyes,
   E   C♯m
Her and me at the breakfast table,
A Am   E   G♯m
 Barely awake, I let precious time go by.
A   Am
Then when she's gone,
   E   C♯m
There's that odd melancholy feeling,
A   Bsus4 B   E
And a sense of guilt I can't deny.
   A   B/D♯   E   G♯
What happened to the wonderful adventures,
  A   B   E
The places I had planned for us to go?
E/G♯ A   B/D♯   E
 Well some of that we did but most we didn't,
  Bsus4 B Esus4 E
And why I just don't know.

Chorus 2

   E   A6   E
   Slipping through my fingers all the time,
    G♯m   F♯m
I try to capture every minute,
   A   E
The feeling in it,
       Bsus4 B E
Slipping through my fingers all the time.
    A6   E
Do I really see what's in her mind?
    G♯m   F♯m
Each time I think I'm close to knowing,
   A   E
She keeps on growing,
       Bsus4 B E
Slipping through my fingers all the time.

Middle

    A   B   E   G♯
Sometimes I wish that I_ could freeze the picture,
  A   B   E
And save it from the funny tricks of time.
E/G♯   A B E
Slipping through my fingers._

Instrumental | A E | G♯m F♯m | F♯m A E | Bsus4 B E |

    | A6 E | G♯m F♯m | F♯m A E ‖
    (E)   Bsus4 B E
    Slipping through my fingers all the time.

Outro

  A   Am/C
Schoolbag in hand,
    E   C♯m
She leaves home in the early morning
A   Am/C   E   G♯m
  Waving goodbye with an absent-minded smile.

Should I Laugh Or Cry

Words & Music by Benny Andersson & Björn Ulvaeus

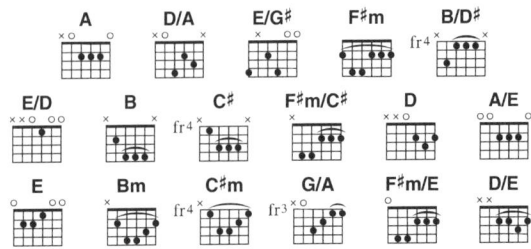

Capo first fret

Intro ‖: A D/A │ A D/A │ A D/A │ A D/A :‖

Verse 1
```
            A   D/A A    D/A A     D/A E/G#       F#m
            He  stands   towering over me beside my bed,
                      B/D# E/D
            Losing his head.
                A   D/A A D/A A    D/A     A B C#
            Tells me     I must take him seriously,
                       F#m/C# C#      D
            Droning on the   usual way.
                   A     E/G# F#m
            He's such a clever guy
                   A    D/A
            Then I wonder,
              A/E   E    A   D/A A D/A
            Should I laugh or cry?
```

Verse 2
```
            A    D/A A     D/A A    D/A E/G#        F#m
            He's dressed   in the striped pyjamas that I bought,
                      B/D#  E/D
            Trousers too short.
                A   D/A A D/A A    D/A    A B C#
            Gives me     of his small philoso - phy,
                       F#m/C# C#      D
            Carries on the   way he does.
```

© Copyright 1981 Universal/Union Songs Musikforlag AB.
Bocu Music Limited for Great Britain and the Republic of Ireland.
Universal Music Publishing Limited for World excluding Great Britain and the Republic of Ireland.
All Rights Reserved. International Copyright Secured.

cont.	**A** **E/G♯** **F♯m** And me, I get so tired, **A** **D/A** And I wonder, **A/E** **E** **A** **D/A A** Should I laugh or cry?
Chorus 1	**D** **Bm** **E** **A** High and mighty his banner flies, **D** **E** **C♯m** A fool's pride in his eyes, **D** **Bm** **F♯m/C♯** **C♯** **F♯m G/A A** Standing there on his toes to grow in size. **D** **Bm** **E** **A** All I see is a big balloon, **D** **E** **C♯m** Halfway up to the moon. **D** **Bm** **F♯m/C♯** **C♯** **F♯m F♯m/E** He's wrapped up in the warm and safe cocoon **B/D♯** **A/E** Of an eternal lie, **D/E** **A** **D/A** So should I laugh or cry?
Link	‖ **A D/A** ‖ **A D/A** ‖ **A D/A** ‖
Verse 3	**A** **D/A A** **D/A A** **D/A** **E/G♯** **F♯m** Strange how dangerously indifferent I have grown, **B/D♯** **E/D** Cold as a stone, **A D/A A** **D/A A** **D/A** **A B C♯** No more pain where there was pain before. **F♯m/C♯** **C♯** **D** Far away he rambles on, **A** **E/G♯** **F♯m** I feel my throat go dry **A** **D/A** And I wonder, **A/E** **E** **A** **D/A** Should I laugh or cry?
Chorus 2	As Chorus 1
Outro	‖: **A D/A** ‖ **A D/A** :‖ *Repeat to fade*

So Long

Words & Music by Benny Andersson & Björn Ulvaeus

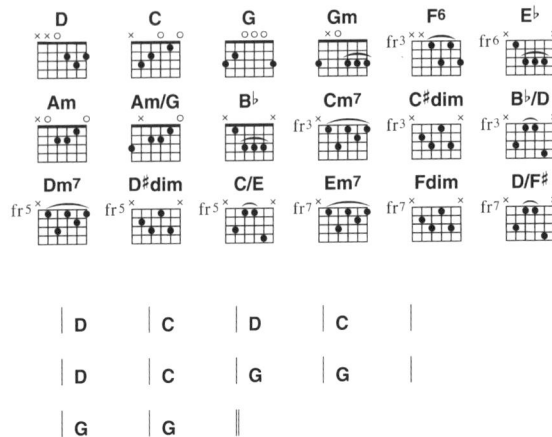

Intro | D | C | D | C |
| D | C | G | G |
| G | G ‖

Verse 1
      D   **C**   **G**
You think you're gonna make me softer with your fancy car, ahaha,
  D   **C**   **G**
But I can tell you all of your tricks ain't gonna get you far, ahaha.
  Gm   **F6**
They say that money's got a magic touch,
  E♭
But not to me, it doesn't mean that much.
  Am   **Am/G**
You won't have me tonight,
  D
All right, all right, all right, all right.

© Copyright 1974 Universal/Union Songs Musikforlag AB.
Bocu Music Limited for Great Britain and the Republic of Ireland.
Universal Music Publishing Limited for World excluding Great Britain and the Republic of Ireland.
All Rights Reserved. International Copyright Secured.

Chorus 1

   G   C
So long, see you honey,
G   C
Can't buy me with your money.
G
Tracy, Daisy, they may be crazy,
   D
But I'll never be your girl.
   G   C
So long, see you honey,
G   C
Can't buy me with your money.
   G   D
You know it's not worth trying,
  C   D   G
So long, so long, so long.

Verse 2

       D   C   G
You didn't have to send me flowers like you did today, ahaha.
 D   C   G
I wouldn't keep a thing from you, I gave them all away, ahaha.
   Gm   F6
The girls might fall for everything you've got,
   E♭
But I'm not one of them, you know I'm not.
   Am   Am/G
You won't have me tonight,
 D
All right, all right, all right, all right.

Chorus 2   As Chorus 1

Link

| B♭ Cm7 | C♯dim B♭/D | C Dm7 |

| D♯dim C/E | D Em7 | Fdim D/F♯ ||

Chorus 3

   G   C   G   C
So long, see you honey, can't buy me with your money.
   G   D   C   D   G
You know it's not worth trying, so long, so long, so long.
  C   D   G   C   D   G
So long, so long, so long. So long, so long, so long.

Outro   ‖: G | G :‖   *Repeat to fade*

S.O.S.

Words & Music by Benny Andersson, Stig Anderson & Björn Ulvaeus

Chord diagrams: Dm, C#dim, F, C, Gm, A/C#, C/E, B♭, B♭maj7/F, D♭, E♭, Dm/A, A7

Intro ‖: Dm | Dm | Dm | Dm :‖

Verse 1
    Dm   C#dim
Where are those happy days?
                  Dm
They seem so hard to find.
            C#dim
I try to reach for you,
                     Dm
But you have closed your mind.
F   C
  Whatever happened to our love?
Gm   Dm
  I wish I understood,
          C#dim
It used to be so nice,
               Dm A/C# Dm C/E | F Gm F C/E ‖
It used to be so good.

Chorus 1
    F   C
  So when you're near me,
Gm   B♭
Darling can't you hear me,
  F   B♭maj7/F F | F B♭maj7/F F |
S. _ O. S.
           C
The love you gave me,
  Gm   B♭
Nothing else can save me,
  F   B♭maj7/F F
S. _ O. S.

© Copyright 1975 Universal/Union Songs Musikforlag AB.
Bocu Music Limited for Great Britain and the Republic of Ireland.
Universal Music Publishing Limited for World excluding Great Britain and the Republic of Ireland.
All Rights Reserved. International Copyright Secured.

cont.
                B♭
When you're gone,
       D♭   E♭   F
How can I __ even try to go on?
              B♭
When you're gone,
     D♭   E♭   F
Though I try, how can I __ carry on?

Verse 2
Dm   C♯dim
  You seem so far away,
                     Dm
Though you are standing near.
              C♯dim
You made me feel alive,
                 Dm
But something died I fear.
F   C
  I really tried to make it out,
Gm   Dm
  I wish I understood.
                C♯dim
What happened to our love,
               Dm A/C♯ Dm C/E | F Gm F C/E ||
It used to be so good?

Chorus 2   As Chorus 1

Link | Dm/A | A7 | Dm/A | Dm/A | A7 | Dm A/C♯ F C/E ||

Chorus 3   As Chorus 1

Outro
F   B♭
  When you're gone,
       D♭   E♭   F
How can I __ even try to go on?
           B♭
When you're gone,
     D♭   E♭   F
Though I try, how can I __ carry on?

| Dm | Dm | Dm ||

Soldiers

Words & Music by Benny Andersson & Björn Ulvaeus

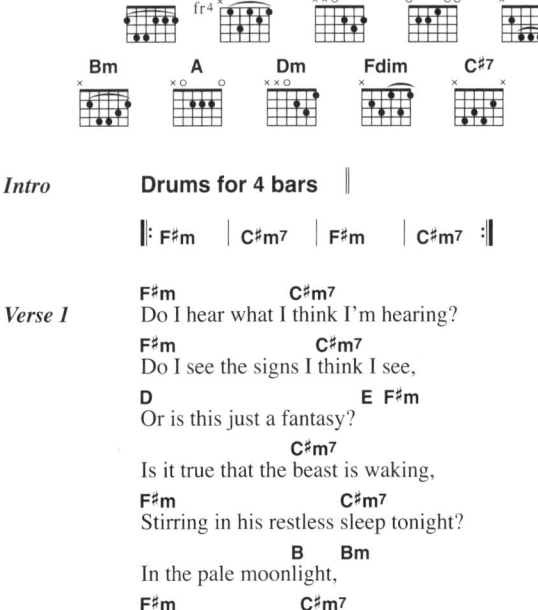

Intro   **Drums for 4 bars** ‖

|: F♯m | C♯m7 | F♯m | C♯m7 :|

Verse 1
F♯m　　　　　　C♯m7
Do I hear what I think I'm hearing?
F♯m　　　　　　C♯m7
Do I see the signs I think I see,
D　　　　　　　E F♯m
Or is this just a fantasy?
　　　　　　　C♯m7
Is it true that the beast is waking,
F♯m　　　　　　C♯m7
Stirring in his restless sleep tonight?
　　　　　　B Bm
In the pale moonlight,
F♯m　　　　　　C♯m7
In the grip of this cold December,
F♯m　　　　　　　E
You and I have reason to remember.

Chorus 1

　　　　A
Soldiers write the songs that,

F♯m
Soldiers sing the songs that

D　　　Dm　A
You and I don't sing.

　　　　　　　　　　　　　D
They blow their horns and march along,

A　　　　　　　　　　F♯m
　They drum their drums and look so strong,

A　　　　　　　D　　　　　E
　You'd think that nothing in the world was wrong.

A
Soldiers write the songs that,

F♯m
Soldiers sing the songs that

D　　　Dm　A
You and I won't sing.

F♯m　　　　　　　　Fdim
Let's not look the other way,

C♯7　　F♯m
Taking a chance,

　　　A　　　　　　　D
'Cause if the bugler starts to play

E　　　　A
We too must dance.

Link　　　| F♯m　| C♯m7　| F♯m　| C♯m7　‖

Verse 2

F♯m　　　　　　　　　　　　C♯m7
What's that sound, what's that dreadful rumble?

F♯m　　　　　　　　　C♯m7
Won't somebody tell me what I hear?

D　　　　　　　　　　　E　F♯m
In the distance but drawing near,＿

　　　　C♯m7
Is it only a storm approaching?

F♯m　　　　　　　　C♯m7
All that thunder and the blinding light

　　　　　　B　　Bm
In the winter night.

F♯m　　　　　　　　　C♯m7
In the grip of this cold December

F♯m　　　　　　　　E
You and I have reason to remember.

Chorus 2

    A
Soldiers write the songs that,

F♯m
Soldiers sing the songs that

D   **Dm** **A**
You and I don't sing.

                        D
They blow their horns and march along,

A   **F♯m**
  They drum their drums and look so strong,

A   **D**   **E**
  You'd think that nothing in the world was wrong.

A
Soldiers write the songs that,

F♯m
Soldiers sing the songs that

D   **Dm** **A**
You and I won't sing.

F♯m   **Fdim**
Let's not look the other way,

C♯7   **F♯m**
Taking a chance,

     A   **D**
'Cause if the bugler starts to play

E   **A** **D/A**
We too must dance.

Instrumental | **A** | **F♯m** | **A** | **D/A** | **E** | **E**   ‖

Chorus 3

A
Soldiers write the songs that,

F♯m
Soldiers sing the songs that

D   **Dm** **A**
You and I won't sing.

F♯m   **Fdim**
Let's not look the other way,

C♯7   **F♯m**
Taking a chance,

     A   **D**
'Cause if the bugler starts to play

E
We too must

Outro   ‖: **A** | **F♯m** | **D Dm** :‖   *Repeat to fade*
         dance.

Summer Night City

Words & Music by Benny Andersson & Björn Ulvaeus

Intro ‖: Dm | Dm | Dm | Dm :‖
                              Summer night city.

Chorus 1
Dm
Waiting for the sunrise,

Soul dancing in the dark,

Summer night city.

Walking in the moonlight,

Love-making in a park,

Summer night city.

Verse 1
Dm　　　　**B♭**
In the sun I feel like sleeping,
C　　　**Dm**
I can't take it for too long.
Dm　　　　**B♭**
My impatience slowly creeping
C　　　**Dm**
Up my spine and growing strong.
D　D/C　　**B♭6**　**Gm**　**D D/C** | **B♭6 D/A** |
I know what's waiting there for me,
D　D/C　　**B♭6**　**Gm**　**D D/C** | **B♭6 D/A** |
Tonight I'm loose and fancy free.　　　Ah._____

© Copyright 1978 Universal/Union Songs Musikforlag AB.
Bocu Music Limited for Great Britain and the Republic of Ireland.
Universal Music Publishing Limited for World excluding Great Britain and the Republic of Ireland.
All Rights Reserved. International Copyright Secured.

	Gm Eb
Prechorus 1	When the night comes with the action

              F   Gm
              I just know it's time to go.

                        Eb
              Can't resist the strange attraction

              F   Gm
              From that giant dynamo.

              Eb   Cm7
              Lots to take and lots to give,

              F   Gm
              Time to breathe and time to live.

Chorus 2   As Chorus 1

              Dm   Bb
Verse 2   It's elusive, call it glitter

              C   Dm
              Somehow something turns me on.

              Dm   Bb
              Some folks only see the litter,

              C   Dm
              We don't miss them when they're gone.

              D   D/C   Bb6   Gm   D D/C | Bb6 D/A |
                I love the feeling in the air,

              D   D/C   Bb6   Gm   D D/C | Bb6 D/A |
                My kind of people everywhere.

              Gm   Eb
Prechorus 2 When the night comes with the action

              F   Gm
              I just know it's time to go.

                        Eb
              Can't resist the strange attraction

              F   Gm
              From that giant dynamo.

Prechorus 3
    Gm   **E♭**
And tomorrow when it's dawning,
F   **Gm**
And the first birds start to sing.
        E♭
In the pale light of the morning,
F   **Gm**
Nothing's worth remembering.
E♭   **Cm7**
It's a dream, it's out of reach,
F   **Gm**
Scattered driftwood on a beach.

Chorus 3
    Dm
‖: Waiting for the sunrise,

Soul dancing in the dark,

Summer night city.

Walking in the moonlight,

Love-making in a park,

Summer night city. :‖   *Repeat to fade*

Super Trouper

Words & Music by Benny Andersson & Björn Ulvaeus

Intro
       C   Csus4 C
Super Trouper beams are gonna blind me
Csus4 C   G
But I   won't feel blue
Dm   G
Like I always do,
                             C   Csus2
'Cause somewhere in the crowd there's you.

| C   Csus2 | Am Asus2 | Am Asus2 |

| Dm Dsus2 | Dm Dsus2 | G   Gsus2 | G   Gsus2 ||

Verse 1
C   Em
I was sick and tired of everything
               Dm   G6 G
When I called you last night from Glasgow.
C   Em
All I do is eat and sleep and sing,
        Dm   G6 G
Wishing ev'ry show was the last show.
F   C/E
  So imagine I was glad to hear you're coming,
F   C/E
Suddenly I feel alright
F   C
  And it's gonna be so different
                    Gsus4 G
When I'm on the stage to - night.

© Copyright 1980 Universal/Union Songs Musikforlag AB
Bocu Music Limited for Great Britain and the Republic of Ireland.
Universal Music Publishing Limited for World excluding Great Britain and the Republic of Ireland.
All Rights Reserved. International Copyright Secured.

Chorus 1

          C   **Csus4** **C**
Tonight the Super Trouper lights are gonna find me,

Csus4 **C**   **G**
Shining like the sun,

Dm   **G**
Smiling, having fun,

                 C
Feeling like a number one.

                Csus4 **C**
Tonight the Super Trouper beams are gonna blind me,

Csus4 **C**   **G**
But I won't feel blue

Dm   **G**
Like I always do,

                               C   **Csus2**
'Cause somewhere in the crowd there's you.

Link | **C**   **Csus2** | **Am** **Asus2** | **Am** **Asus2** |

            | **Dm** **Dsus2** | **Dm** **Dsus2** | **G**   **Gsus2** | **G**   **Gsus2** ||

Verse 2

C   **Em**
Facing twenty thousand of your friends,

        Dm   **G6** **G**
How can anyone be so lonely?

C   **Em**
Part of a success that never ends,

         Dm   **G6** **G**
Still I'm thinking about you on - ly.

F   **C/E**
There are moments when I think I'm going crazy,

F   **C/E**
But it's gonna be alright,

F   **C**
Ev'rything will be so different

                Gsus4 **G**
When I'm on the stage to - night.

Chorus 2   As Chorus 1

Bridge

      F   **Am**
So I'll be there when you arrive,

            Dm   **G**   **C**
The sight of you will prove to me I'm still alive,

             G   **F**
And when you take me in your arms

       Dm   **A7/E**
And hold me tight,

Dm   **G**
I know it's gonna mean so much tonight.

Chorus 3

               C   **Csus4** **C**
‖: Tonight the Super Trouper lights are gonna find me,

Csus4 **C**   **G**
Shining like the sun,

Dm   **G**
Smiling, having fun,

                   C
Feeling like a number one.

                  Csus4 **C**
Tonight the Super Trouper beams are gonna blind me,

Csus4 **C**   **G**
But I won't feel blue

Dm   **G**
Like I always do,

                                C   **Csus2**
'Cause somewhere in the crowd there's you. :‖

Repeat to fade

Take A Chance On Me

Words & Music by Benny Andersson & Björn Ulvaeus

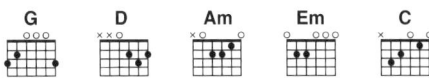

Capo fourth fret

Chorus 1
                          G
If you change your mind, I'm the first in line,

Honey, I'm still free,
           D
Take a chance on me.

If you need me, let me know, gonna be around,
                                    G
If you got no place to go when you're feeling down.

If you're all alone when the pretty birds have flown,

Honey, I'm still free,
           D
Take a chance on me,

Gonna do my very best and it ain't no lie,
                       G
If you put me to the test, if you let me try.
    Am   **D**
Take a chance on me,
    Am   **D**
Take a chance on me.

Verse 1
   Am
We can go dancing, we can go walking,
   G
As long as we're together.
   Am
Listen to some music, maybe just talking,
   G
You'd get to know me better.

© Copyright 1977 Universal/Union Songs Musikforlag AB.
Bocu Music Limited for Great Britain and the Republic of Ireland.
Universal Music Publishing Limited for World excluding Great Britain and the Republic of Ireland.
All Rights Reserved. International Copyright Secured.

cont.   'Cause you know I got

Em
   So much that I wanna do,

C
   When I dream I'm alone with you,

  Em   **C**   **D**
It's ma - gic.

Em
   You want me to leave it there,

C
   Afraid of a love affair,

  Am   **D**
But I think you know

  Am   **D**
That I can't let go.

Chorus 2   As Chorus 1

        Am
Verse 2   Oh you can take your time baby, I'm in no hurry,

G
I know I'm gonna get you.

Am
You don't wanna hurt me, baby don't worry,

G
I ain't gonna let you.

Let me tell you now,

Em
   My love is strong enough,

C
   To last when things are rough,

  Em   **C**   **D**
It's ma - gic.

Em
   You say that I waste my time,

C
   But I can't get you off my mind,

  Am   **D**
No I can't let go,

    Am   **D**
'Cause I love you so.

Chorus 3

        G
If you change your mind, I'm the first in line,

Honey, I'm still free,
     D
Take a chance on me.

If you need me, let me know, gonna be around,
                                 G
If you got no place to go when you're feeling down.

If you're all alone when the pretty birds have flown,

Honey, I'm still free,
     D
Take a chance on me,

Gonna do my very best,

Baby can't you see?

Gotta put me to the test,
    G
Take a chance on me.

Outro

    G
𝄆 Ba ba ba ba baa, ba ba ba ba baa,

Honey I'm still free,
     D
Take a chance on me.

Gonna do my very best,

Baby can't you see?

Gotta put me to the test,
    G
Take a chance on me. 𝄇 *Repeat to fade*

Thank You For The Music

Words & Music by Benny Andersson & Björn Ulvaeus

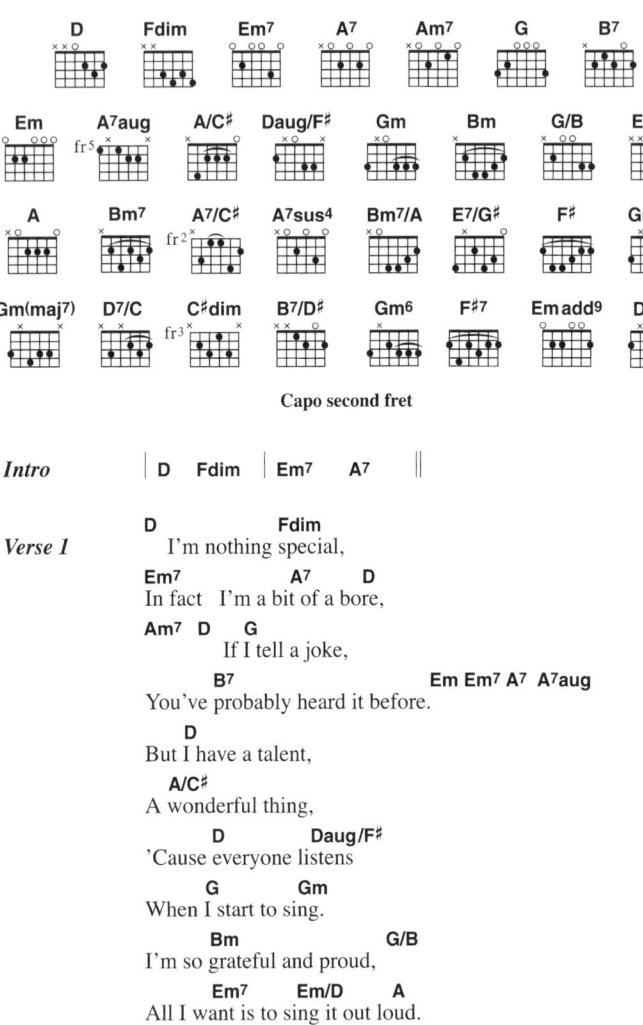

Capo second fret

Intro | D   Fdim | Em7   A7 ||

Verse 1
    D   Fdim
  I'm nothing special,
Em7   A7   D
In fact   I'm a bit of a bore,
Am7 D   G
    If I tell a joke,
    B7   Em Em7 A7 A7aug
You've probably heard it before.
  D
But I have a talent,
  A/C#
A wonderful thing,
     D   Daug/F#
'Cause everyone listens
   G   Gm
When I start to sing.
   Bm   G/B
I'm so grateful and proud,
   Em7   Em/D   A
All I want is to sing it out loud.

© Copyright 1977 Universal/Union Songs Musikforlag AB.
Bocu Music Limited for Great Britain and the Republic of Ireland.
Universal Music Publishing Limited for World excluding Great Britain and the Republic of Ireland.
All Rights Reserved. International Copyright Secured.

Chorus 1

```
     A    Bm7   A7/C#
     So   I     say
```

```
     D                  Em        A7sus4  A7   D
     Thank you for the music, the songs   I'm  singing,
```

```
     Bm          Bm7/A    E7/G#       A7sus4  A7
       Thanks for all the joy they're bring - ing.
```

```
     D              Em       F#    Bm7    Gmaj7
     Who can live without it? I ask in all honesty.
```

```
                      Gm(maj7)
     What would life be?
```

```
               D       D7/C           B7
     Without a song or dance what are we?
```

```
         C#dim  B7/D# Em                G
     So I      say   thank you for the music,
```

```
         A7sus4  A7      D  Fdim Em7   A7
     For giv  -  ing it to me.
```

Verse 2

```
     D         Fdim    Em7     A7        D
     Mother says I __ was a dancer before I could walk.
```

```
     Am7  D      G              B7
          She says I began to sing
```

```
                      Em    Em7   A7   A7aug
     Long before I could talk.
```

```
     D                      A/C#       Aaug
     And I've often wondered, how did it all start?
```

```
         D            Daug/F#    G           Gm
     Who found out that nothing can capture a heart
```

```
         Bm           G/B
     Like a melody can?
```

```
              Em7          Em/D    A
     Well, whoever it was,   I'm a fan.
```

Chorus 2

```
     A    Bm7   A7/C#
     So   I     say
```

```
     D                  Em        A7sus4  A7   D
     Thank you for the music, the songs   I'm  singing,
```

```
     Bm          Bm7/A    E7/G#       A7sus4  A7
       Thanks for all the joy they're bring - ing.
```

```
     D              Em       F#    Bm7    Gmaj7
     Who can live without it? I ask in all honesty.
```

```
                      Gm(maj7)
     What would life be?
```

```
               D       D7/C           B7
     Without a song or dance what are we?
```

```
         C#dim  B7/D# Em                G
     So I      say   thank you for the music,
```

```
         A7sus4  A7      D  Gm6  D
     For giv  -  ing it to me.
```

Middle

    Gm6   **D**   **Gm6**   **D**
I've been so lucky, I am the girl with golden hair,

       Gm6 **F#7**   **Bm** **Bm7/A**
I wanna sing it out   to   everybody,

Em7   **Em/D**   **A**   **Bm7** **A7/C#**
What a joy, what a life, what a chance! _____

Chorus 3

D   **Em**   **A7sus4 A7** **D**
Thank you for the music, the songs   I'm singing,

Bm   **Bm7/A** **E7/G#**   **A7sus4** **A7**
  Thanks for all the joy they're bring - ing.

D   **Em**   **F#**   **Bm7**   **Gmaj7**
Who can live without it? I ask in all honesty.

               Gm(maj7)
What would life be?

         D   **D7/C**   **B7**
Without a song or dance what are we?

  C#dim **B7/D#** **Em**   **G**
So I   say   thank you for the music,

    A7sus4 **A7**   **D** **D7/C** **B7**
For giving   it to me.

  C#dim **B7/D#** **Em**   **G**
So I   say   thank you for the music,

    A7sus4 **A7**   **D** **Emadd9** **D/F#** **Gm6** **D**
For giv - ing it to me. _____

Tiger

Words & Music by Benny Andersson & Björn Ulvaeus

Tune guitar down one semitone

Intro	| D	Dm6	A	A	|
	| D	Dm6	A	A	D ||

Verse 1

  (D)   E
The city is a jungle,

You better take care,

D **E**   **D A/C#**
  Never walk alone after midnight.

E
If you don't believe it,

You better beware of me.

Chorus 1

  A   **D**
  I am behind you,

        Dm6
I always find you,

    A
I am the tiger.

          D
People who fear me

        Dm6
Never go near me,

    A
I am the tiger.

© Copyright 1976 Universal/Union Songs Musikforlag AB.
Bocu Music Limited for Great Britain and the Republic of Ireland.
Universal Music Publishing Limited for World excluding Great Britain and the Republic of Ireland.
All Rights Reserved. International Copyright Secured.

Verse 2

     D   **E**
    The city is a nightmare,

A horrible dream,
D E   **D A/C♯**
  Some of us will dream it forever.
E
Look around the corner

And try not to scream, it's me.

Chorus 2   As Chorus 1

Middle 1

F♯m F♯m/E F♯m/D♯
Yel - low   eyes
                    F♯m F♯m/E F♯m/D♯
Are glowing like the neon lights._____
F♯m F♯m/E F♯m/D♯
Yel - low   eyes,
                  F♯m F♯m/E F♯m/D♯
The spotlights of the city nights.

Chorus 3   As Chorus 1

Verse 3

D   **E**
  The city is a prison,

You never escape,
D E   **D A/C♯**
  You're forever trapped in the alleys.
E
Look into the shadows,

And you'll see the shape of me.

Chorus 4   As Chorus 1

Middle 2   As Middle 1

Chorus 5
     A   **D**
I am behind you,
       Dm6
I always find you,
   A
I am the tiger.
    D
People who fear me
     Dm6
Never go near me,
   A
I am the tiger.

Chorus 6
    D
And if I meet you,
    Dm6
What if I eat you?
   A
I am the tiger.
   D
I am behind you,
    Dm6
I'll always find you,
  A
I am the tiger, tiger, tiger.

Tropical Loveland

Words & Music by Benny Andersson, Stig Anderson & Björn Ulvaeus

Capo first fret

Intro ‖: A | D | A | D :‖

Verse 1
    A   D
Come to my loveland,
    A   D   A   D   G D   A
Wander along beautiful gardens full of flowers and songs.
            D   A   D
Come to the sunshine, beaches and the sand,
    A   D   A   G D   A
Listen to the bluebirds, won't you come to my land?
Bm   G/B
The grass is mellow and the sky is blue,
Bm   E
My paradise is waiting here for you.

Chorus 1
  A E   D
Ooh, it's a tropical loveland,
  A   E   D
Ooh, I wanna share it with you.
  A   E
Life can be funny,
  G   D
Happy and sunny
  A E   D
Ooh, in my tropical loveland.

| A | D | A | D ‖

© Copyright 1975 Universal/Union Songs Musikforlag AB.
Bocu Music Limited for Great Britain and the Republic of Ireland.
Universal Music Publishing Limited for World excluding Great Britain and the Republic of Ireland.
All Rights Reserved. International Copyright Secured.

Verse 2

　　　A　　　　　　**D**
　　　Come to my loveland,

　　　A　　　　　**D**
　　　Wander with me,

　　　A　　　　**D**　　　　　　**G**　　**D**　**A**
　　　Lie with me darling in the shade of a tree.

　　　　　　D　　　　**A**　　　**D**
　　Over the rainbow, under the moon,

　　A　　　　　　　**D**　　　　　　　**G**　　**D**　　**A**
　　That's where my land is, won't you come to me soon?

Bm　　　　　　　　　　　　　　**G/B**
Just take my hand, I'll show you everything,

Bm　　　　　　　　　　**E**
The secrets that my paradise can bring.

Chorus 2

　A E　　　　　　　　**D**
　Ooh, it's a tropical loveland,

　A　　**E**　　　　　　　　**D**
　Ooh, I wanna share it with you.

　A　　　　**E**
　Life can be funny,

G　　　　　　**D**
Happy and sunny

A E　　　　　　　　　**D**
Ooh, in my tropical loveland.

Outro

𝄆 　**A E**　　　　　　　　**D**
　　Ooh, it's a tropical loveland,

A　　**E**　　　　　　　　**D**
Ooh, I wanna share it with you. 𝄇　*Repeat to fade*

Under Attack

Words & Music by Benny Andersson & Björn Ulvaeus

[Chord diagrams: B7sus4, B7, E, A/E, B/E, B, G#, A, A6, D]

Intro ‖: B7sus4 | B7sus4 | B7sus4 | B7sus4 :‖

Verse 1
B7sus4
  Don't know how to take it,
            B7
Don't know where to go.
  B7sus4   B7
My resistance running low,
                  E   A/E
And every day the hold is getting tighter,
  B/E   E
And it troubles me so.
                     B7sus4
You know that I'm nobody's fool
                        B7
I'm nobody's fool and yet it's clear to me,
  B7sus4   B7
I don't have a strategy.
         E   A/E
It's just like taking candy from a baby.
      B/E E
And I think I must be....

Chorus 1
  (E)   A/E   B
  Under attack, I'm being taken,
E   G#
About to crack, defences breaking.
A   A6   A   E
Won't somebody please have a heart,
          A   A6
Come and rescue me now
       A   D   B
'Cause I'm falling apart?

© Copyright 1982 Universal/Union Songs Musikforlag AB.
Bocu Music Limited for Great Britain and the Republic of Ireland.
Universal Music Publishing Limited for World excluding Great Britain and the Republic of Ireland.
All Rights Reserved. International Copyright Secured.

cont.
      E   A/E   B
Under attack, I'm taking cover,

      E   G♯
He's on my track, my chasing lover.

  A   A6   A   E
Thinking nothing can stop him now,

      A   A6   A E
Should I want to, I'm not sure I   would know how.

Verse 2
B7sus4
This is getting crazy,

        B7
I should tell him so,

  B7sus4   B7
Really let my anger show.

                       E   A/E   B/E   E
Persuade him that the answer to his questions is a definite no.

                 B7sus4
I'm kind of flattered I suppose

                                  B7
Guess I'm kind of flattered but I'm scared as well,

  B7sus4   B7
Something like a magic spell.

    E   A/E
I hardly dare to think of what would happen,

  B/E E
Where I'd be if I fell....

Chorus 2   As Chorus 1

Instrumental ‖: B7sus4 | B7sus4 | B7sus4 | B7sus4 :‖

                 | G♯ | A | E | A | E | E   ‖

Chorus 3   ‖: As Chorus 1 :‖ *Repeat to fade*

The Visitors

Words & Music by Benny Andersson & Björn Ulvaeus

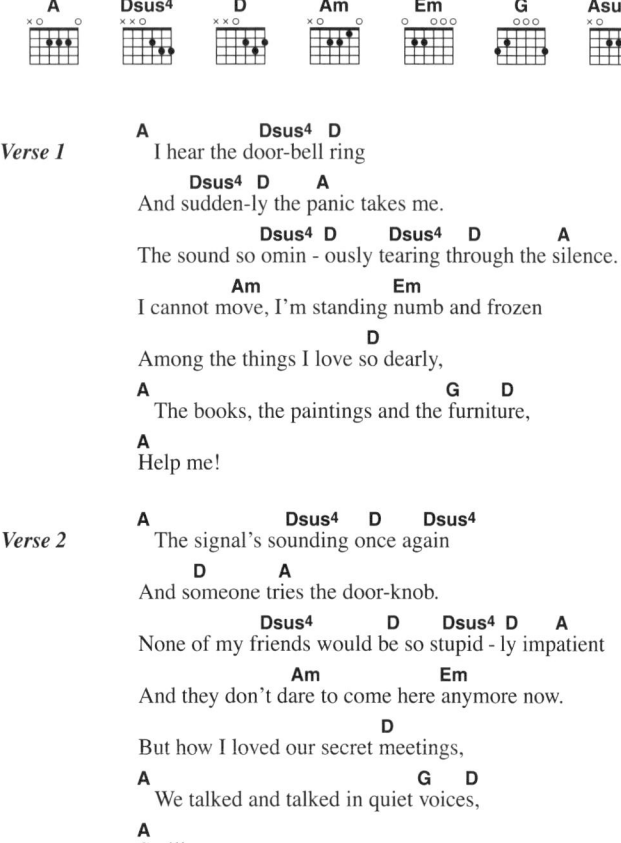

Verse 1
```
       A        Dsus⁴  D
        I hear the door-bell ring
       Dsus⁴  D    A
       And sudden-ly the panic takes me.
                    Dsus⁴  D   Dsus⁴  D     A
       The sound so omin - ously tearing through the silence.
                Am               Em
       I cannot move, I'm standing numb and frozen
                                 D
       Among the things I love so dearly,
       A                               G    D
        The books, the paintings and the furniture,
       A
       Help me!
```

Verse 2
```
       A         Dsus⁴   D    Dsus⁴
        The signal's sounding once again
              D        A
       And someone tries the door-knob.
                Dsus⁴       D    Dsus⁴  D    A
       None of my friends would be so stupid - ly impatient
                    Am              Em
       And they don't dare to come here anymore now.
                                D
       But how I loved our secret meetings,
       A                            G    D
        We talked and talked in quiet voices,
       A
       Smiling.
```

© Copyright 1981 Universal/Union Songs Musikforlag AB.
Bocu Music Limited for Great Britain and the Republic of Ireland.
Universal Music Publishing Limited for World excluding Great Britain and the Republic of Ireland.
All Rights Reserved. International Copyright Secured.

Chorus 1

    A   **G**
Now I hear them moving,
  D   **A**
Muffled noises coming through the door,
 G   **D**   **A**
I feel I'm crackin' up.
             G   **D A**
Voices growing louder, irritation building
              G   **D**   **A**
And I'm close to fainting, crackin' up.
              G   **D**
They must know by now I'm in here
  A   **G**   **D**   **A**
Trembling in a terror evergrowing, crackin' up.
         G   **D**   **A**
My whole world is falling, going crazy,
          G
There is no escaping now,
  D   **A**
I'm crackin' up.

Instrumental ||: (A) | Em | Em | A |
| A | Em | Em | D :||
| D | A | Asus⁴ | A | Asus⁴ ||

Verse 3

 A   **Dsus⁴**
  These walls have witnessed
 D   **Dsus⁴** **D** **A**
All the anguish of humiliation,
          Dsus⁴ **D**   **Dsus⁴** **D**   **A**
And seen the hope of freedom glow in shining faces.
             Am
And now they've come to take me,
Em
Come to break me
           D
And yet it isn't unexpected,
A   **G** **D**
  I have been waiting for these visitors,
A
Help me!

Chorus 2 ||: As Chorus 1 :|| *Repeat to fade*

Two For The Price Of One

Words & Music by Benny Andersson & Björn Ulvaeus

Intro | Dsus² D | Dsus² D | Bm¹¹ Bm⁷ |
| Bm¹¹ Bm⁷ | Em⁹ Em⁷ | Em⁹ Em⁷ ‖

Verse 1
D
He had what you might call a trivial occupation,
Bm
He cleaned the platforms of the local railway station,
Em
With no romance in his life,

Sometimes he wished he had a wife.
D
He read the matrimonial advertising pages,
                          Em **D/F♯** **G**
The cries for help from different people, different ages,
         D/F♯
But they had nothing to say,
         Em
At least not until the day
           B/D♯
When something special he read,
Em   **A**
This is what it said:

Chorus 1

   D A   Em Bm
If you dream of the girl for you

   Em Bm
Then call us and get

A   G D/F♯ D
Two for the price of one.

    A   Em Bm
We're the answer if you feel blue,

 Em Bm
So call us and get

A   G D/F♯ D
Two for the price of one.

D A   Em Bm
If you dream of the girl for you

   Em Bm
Then call us and get

A   G D/F♯ D
Two for the price of one.

    A   Em Bm
We're the answer if you feel blue,

 Em Bm
So call us and get

A   G D/F♯ Dsus2 D Dsus2 D
Two for the price of one.

Link | Bm11 Bm7 | Bm11 Bm7 | Em9 Em7 | Em9 Em7 ‖

Verse 2

D
 He called the number and a voice said, "Alice Whiting."

Bm
 The voice was husky and it sounded quite exciting.

Em
 He was amazed at his luck,

The purest streak of gold he'd struck.

D
 He said, "I read your ad, it sounded rather thrilling,

       Em D/F♯ G
I think a meeting could be mutually fulfilling.

cont.

                    D/F♯
Why don't we meet for a chat,

              Em
The three of us in my flat?"

         B/D♯
I can't forget what I read,

Em   **A**
This is what it said:

Chorus 2

D **A**   **Em** **Bm**
If you dream of the girl for you

    Em **Bm**
Then call us and get

A   **G** **D/F♯*** **D**
Two for the price of one.

        A   **Em** **Bm**
We're the answer if you feel blue,

  Em **Bm**
So call us and get

A   **G** **D/F♯*** **D**
Two for the price of one.

D **A**   **Em** **Bm**
If you dream of the girl for you

    Em **Bm**
Then call us and get

A   **G** **D/F♯*** **D**
Two for the price of one.

        A   **Em** **Bm**
We're the answer if you feel blue,

  Em **Bm**
So call us and get

A   **D**
Two for the price of one.

She said, "I'm sure we must be perfect for each other,

D/C
  And if you doubt it,

                    D **Em** **D/F♯**
You'll be certain when you meet my mother."

Outro   ‖: **G** | **G** | **D** | **D Em D/F♯*** :‖ *Repeat to fade*

Voulez-Vous

Words & Music by Benny Andersson & Björn Ulvaeus

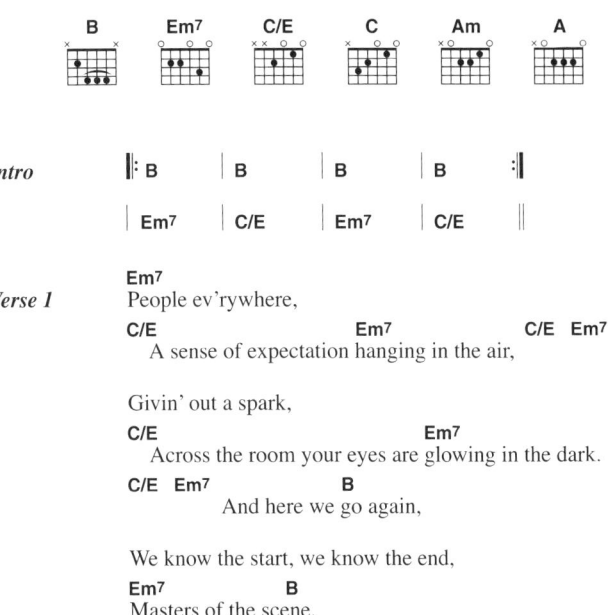

Intro ‖: B | B | B | B :‖
| Em7 | C/E | Em7 | C/E ‖

Verse 1
Em7
People ev'rywhere,
  C/E   Em7   C/E Em7
 A sense of expectation hanging in the air,

Givin' out a spark,
  C/E   Em7
 Across the room your eyes are glowing in the dark.
C/E Em7   B
      And here we go again,

We know the start, we know the end,
Em7   B
Masters of the scene.

We've done it all before and now we're back to get some more,
Em7
You know what I mean.

Chorus 1
    C Am
Voulez-vous? (Ah-ha)

Take it now or leave it, (ah-ha)

Now is all we get, (ah-ha)
                Em7
Nothing promised, no regrets.
   C Am
Voulez-vous? (Ah-ha)

© Copyright 1979 Universal/Union Songs Musikforlag AB.
Bocu Music Limited for Great Britain and the Republic of Ireland.
Universal Music Publishing Limited for World excluding Great Britain and the Republic of Ireland.
All Rights Reserved. International Copyright Secured.

cont. Ain't no big decision, (ah-ha)

You know what to do, (ah-ha)
               Em7
La question c'est voulez-vous?
  C A
Voulez-vous?

Instrumental ‖: B | B | B | B :‖
| Em7 | C/E | Em7 | C/E ‖

Verse 2
Em7
I know what you think,
C/E   **Em7**   **C/E Em7**
   "The girl means business so I'll offer her a drink."

Lookin' mighty proud,
C/E   **Em7**
  I see you leave your table, pushin' through the crowd.
C/E Em7   **B**
       I'm really glad you came,

You know the rules, you know the game,
Em7   **B**
Master of the scene.

We've done it all before and now we're back to get some more.
Em7
You know what I mean.

Chorus 2
C Am
Voulez-vous? (Ah-ha)

Take it now or leave it, (ah-ha)

Now is all we get, (ah-ha)
                     Em7
Nothing promised, no regrets.
  C Am
Voulez-vous? (Ah-ha)

Ain't no big decision, (ah-ha)

You know what to do, (ah-ha)
               Em7
La question c'est voulez-vous?

Verse 3

      B
And here we go again,

We know the start, we know the end,
Em7   **B**
Masters of the scene.

We've done it all before and now we're back to get some more,
Em7
You know what I mean.

Chorus 3

 C Am
Voulez-vous? (Ah-ha)

Take it now or leave it, (ah-ha)

Now is all we get, (ah-ha)
      Em7
Nothing promised, no regrets.
 C Am
Voulez-vous? (Ah-ha)

Ain't no big decision, (ah-ha)

You know what to do, (ah-ha)
     Em7
La question c'est voulez-vous?
 C A
Voulez-vous?

Instrumental ‖: B | B | B | B :‖ Em7 |

Outro

 C Am   **Em7**
Voulez-vous? (Ah-ha, ah-ha, ah-ha)
 C Am   **Em7**
Voulez-vous? (Ah-ha, ah-ha, ah-ha)
 C Am
‖: Voulez-vous? Take it now or leave it, (ah-ha)

Now is all we get, (ah-ha)
      Em7
Nothing promised, no regrets. :‖ *Repeat to fade*

Waterloo

Words & Music by Benny Andersson, Stig Anderson & Björn Ulvaeus

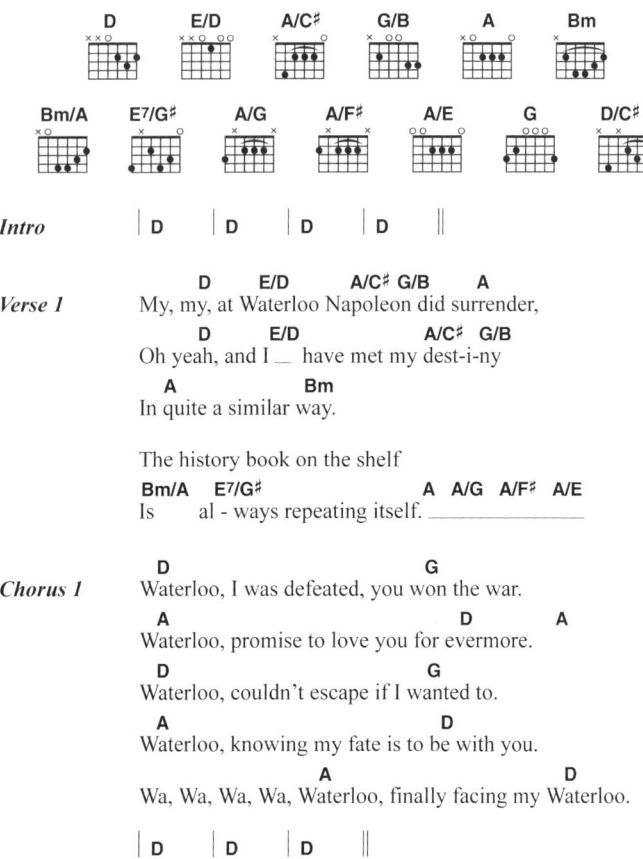

Intro | D | D | D | D ‖

Verse 1
           D   E/D   A/C♯ G/B   A
My, my, at Waterloo Napoleon did surrender,
           D   E/D   A/C♯ G/B
Oh yeah, and I __ have met my dest-i-ny
           A   Bm
In quite a similar way.

The history book on the shelf
           Bm/A   E7/G♯   A   A/G   A/F♯   A/E
Is   al - ways repeating itself. _____

Chorus 1
           D   G
Waterloo, I was defeated, you won the war.
           A   D   A
Waterloo, promise to love you for evermore.
           D   G
Waterloo, couldn't escape if I wanted to.
           A   D
Waterloo, knowing my fate is to be with you.
                         A   D
Wa, Wa, Wa, Wa, Waterloo, finally facing my Waterloo.

| D | D | D ‖

© Copyright 1974 Universal/Union Songs Musikforlag AB.
Bocu Music Limited for Great Britain and the Republic of Ireland.
Universal Music Publishing Limited for World excluding Great Britain and the Republic of Ireland.
All Rights Reserved. International Copyright Secured.

	D E/D A/C♯ G/B A

Verse 2

        D   E/D   A/C♯   G/B   A
My, my, I tried to hold you back but you were stronger,
        D   E/D   A/C♯   G/B
Oh yeah, and now it seems my only   chance
   A   Bm
Is givin' up the fight.

Chorus 2

       D   G
Waterloo, I was defeated, you won the war.
     A   D   A
Waterloo, promise to love you for evermore.
     D   G
Waterloo, couldn't escape if I wanted to.
     A   D
Waterloo, knowing my fate is to be with you.
                A
Wa, Wa, Wa, Wa, Waterloo,
               D
Finally facing my Waterloo.

Link

D/C♯ Bm
So   how could I ever refuse?
  E7/G♯   A
I feel like I win when I lose.

Outro

     D   G
Waterloo, couldn't escape if I wanted to.
     A   D
Waterloo, knowing my fate is to be with you.

𝄆   A
Wa, Wa, Wa, Wa, Waterloo,
               D
Finally facing my Waterloo.
              A
Wa, Wa, Wa, Wa, Waterloo,
                        D
Knowing my fate is to be with you. 𝄇   *Repeat to fade*

The Way Old Friends Do

Words & Music by Benny Andersson & Björn Ulvaeus

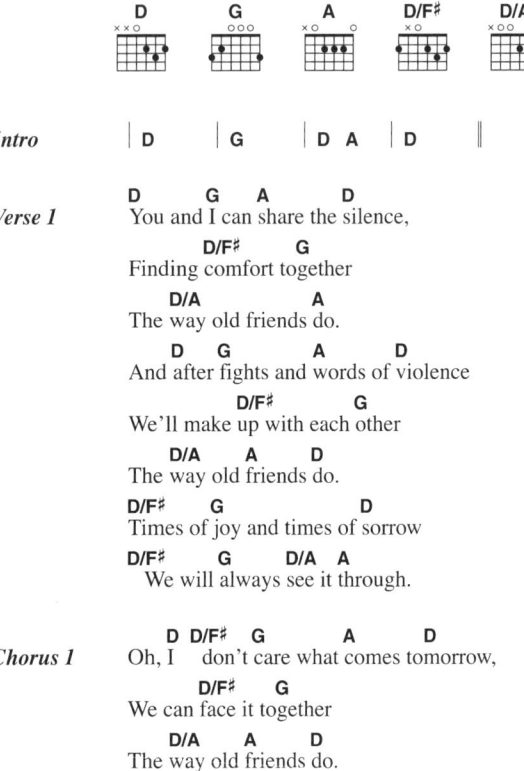

Intro | D | G | D A | D ||

Verse 1
       D   G   A   D
You and I can share the silence,
      D/F♯   G
Finding comfort together
   D/A   A
The way old friends do.
     D   G   A   D
And after fights and words of violence
      D/F♯   G
We'll make up with each other
   D/A   A   D
The way old friends do.
D/F♯   G   D
Times of joy and times of sorrow
D/F♯   G   D/A A
  We will always see it through.

Chorus 1
     D D/F♯ G   A   D
Oh, I   don't care what comes tomorrow,
     D/F♯   G
We can face it together
   D/A   A   D
The way old friends do.

© Copyright 1980 Universal/Union Songs Musikforlag AB.
Bocu Music Limited for Great Britain and the Republic of Ireland.
Universal Music Publishing Limited for World excluding Great Britain and the Republic of Ireland.
All Rights Reserved. International Copyright Secured.

Verse 2
    D **G** **A**   **D**
    You and I can share the silence,
       D/F♯   **G**
    Finding comfort together
      D/A   **A**
    The way old friends do.
     D **G**   **A**   **D**
    And after fights and words of violence
        D/F♯   **G**
    We'll make up with each other
      D/A **A**   **D**
    The way old friends do.
    D/F♯ **G**   **D**
    Times of joy and times of sorrow
    D/F♯ **G**   **D/A** **A**
    We will always see it through.

Chorus 2
    D D/F♯ G   **A**   **D**
    I don't care what comes tomorrow,
       D/F♯   **G**
    We can face it together
      D/A **A**   **D**
    The way old friends do.
       D/F♯   **G**
    We can face it together
      D/A **A**   **D**
    The way old friends do.

What About Livingstone?

Words & Music by Benny Andersson & Björn Ulvaeus

| C | F | C/E | Dm | B♭ | G7 | G | Am |

Intro | C | C | C | C ‖

Verse 1
    (C)   **F**   **C/E**
Went to buy me a paper at the local newsstand,
      Dm   **B♭**
And then I heard them laugh and say,
           F   **C/E**
"Look, they're gonna go flying way up to the moon now,
    B♭   **F**
Hey, what's it good for anyway?"
      B♭   **G7**
So I said, "Fellas, like to ask you a thing if I may."

Chorus 1
        C
What about Livingstone?
        G
What about all those men
        Am   **F**
Who have sacrificed their lives to lead the way?
        C
Tell me, wasn't it worth the while
        G
Travelling up the Nile,
Putting themselves on test,
        C
Didn't that help the rest?
        F
Wasn't it worth it then?
        C
What about Livingstone?

© Copyright 1974 Universal/Union Songs Musikforlag AB.
Bocu Music Limited for Great Britain and the Republic of Ireland.
Universal Music Publishing Limited for World excluding Great Britain and the Republic of Ireland.
All Rights Reserved. International Copyright Secured.

Verse 2
        C   F   C/E
And all of those fellas at the local news-stand
             Dm   B♭
Didn't know what to answer or what to say,
    F   C/E
So I told them about him, that he was just like
  B♭   F
One of those spacemen in his way.
  B♭
And if you laugh at them
      G7
Then there's only a thing I can say.

Chorus 2
𝄆   C
What about Livingstone?
  G
What about all those men
  Am   F
Who have sacrificed their lives to lead the way?
         C
Tell me, wasn't it worth the while
  G
Travelling up the Nile,
  F
Putting themselves on test,
  C
Didn't that help the rest?
  F
Wasn't it worth it then? 𝄇   *Repeat to fade*

When All Is Said And Done

Words & Music by Benny Andersson & Björn Ulvaeus

Intro
| D G/D | A/D D | G/D A/D | D |

| D A/C♯ | Bm F♯m/A G A/C♯ | D |

| D | D | D ||

Verse 1
     D   **G**
Here's to us, one more toast
   A   **D**
And then we'll pay the bill.
        G
Deep inside both of us
  A   **D**
Can feel the autumn chill.
        G/D   **A/D** **D**
Birds of passage, you and me,
  G/D **A/D** **D**
We fly instinctively.
        A/C♯   **Bm**
When the summer's o - ver
 F♯m/A **G**   **A/C♯** **D**
And the dark clouds hide the sun,
      A/C♯   **Bm**   **F♯m/A**
Neither you nor I'm to blame
     G **A7**   **D**
When all is said and done.

Verse 2
    D   **G**
In our lives we have walked
    A   **D**
Some strange and lonely treks.

© Copyright 1981 Universal/Union Songs Musikforlag AB.
Bocu Music Limited for Great Britain and the Republic of Ireland.
Universal Music Publishing Limited for World excluding Great Britain and the Republic of Ireland.
All Rights Reserved. International Copyright Secured.

cont.

      G
Slightly worn but dignified
 A   **D**
And not too old for sex.
  G/D **A/D** **D**
We're still striving for the sky,
  G/D **A/D** **D**
No taste for humble pie.
  A/C♯ **Bm** **F♯m/A**
Thanks for all your generous love
 G   **A/C♯** **D**
And thanks for all the fun.
  A/C♯ **Bm** **F♯m/A**
Neither you nor I'm to blame
  G **A7** **D**
When all is said and done.

Instrumental | D | G/D | Dsus4 D | D |

| D | G/D | Dsus4 D | A/D D | D ‖

Verse 3
 D   **G**
It's so strange when you're down
 A   **D**
And lying on the floor.
     G
How you rise, shake your head,
 A   **D**
Get up and ask for more.
  G/D **A/D** **D**
Clear-headed and o - pen-eyed
  G/D **A/D** **D**
With nothing left untried.
  A/C♯ **Bm** **F♯m/A**
‖: Standing calmly at the crossroads,
 G **A/C♯** **D**
No desire to run.
  A/C♯ **Bm** **F♯m/A**
There's no hurry anymore
  G **A7** **D**
When all is said and done. :‖

Outro   ‖: (D) | D | G/D | Dsus4 D :‖ *Repeat to fade*

When I Kissed The Teacher

Words & Music by Benny Andersson & Björn Ulvaeus

Chord diagrams: D, G5/D, A, F♯m, Bm, Em, G, Dsus4, D7, Gmaj7, Bm/A♯, Bm/A, E9/G♯, Asus4

Capo first fret

Intro | D | D | G5/D | G5/D ‖

Verse 1
    (G5/D)   **D**
    Everybody screamed
                G5/D
When I kissed the teacher.
                    D
And they must have thought they dreamed
                G5/D
When I kissed the teacher.
          A
All my friends at school,
                  F♯m
They had never seen the teacher blush.
Bm   **Em**
He looked like a fool
           A   **D**
Nearly petrified 'cause he was taken by surprise.

Verse 2
                G
When I kissed the teacher,
            D
Couldn't quite believe his eyes.
                G
When I kissed the teacher
           A
My whole class went wild.

© Copyright 1976 Universal/Union Songs Musikforlag AB.
Bocu Music Limited for Great Britain and the Republic of Ireland.
Universal Music Publishing Limited for World excluding Great Britain and the Republic of Ireland.
All Rights Reserved. International Copyright Secured.

cont.   As I held my breath

    F♯m
The world stood still,

 Bm   **Em**
But then he just smiled.

        A
I was in the seventh heaven

              D   **Dsus⁴ D**
When I kissed the teacher.____

  (D)   **Bm A Bm**
Middle 1 One of these days,

G   **A**   **D**
  Gonna tell him I dream of him every night.

D⁷   **Gmaj⁷**
  One of these days,

   Bm   **Bm/A♯**
Gonna show him I care,

   Bm/A   **E⁹/G♯**   **A Asus⁴ A**
Gonna teach him a lesson alright.____

       D
Verse 3 I was in a trance,

        G
When I kissed the teacher.

     D
Suddenly I took the chance,

        G
When I kissed the teacher.

    A
Leaning over me,

         F♯m   **Bm** **Em**
He was trying to explain the laws of geometry,

     A
And I couldn't help it,

        D   **Dsus⁴ D**
I just had to kiss the teacher.

Middle 2   As Middle 1

Verse 4

     D
What a crazy day,

       G
When I kissed the teacher.

     D
All my sense had flown away,

      G
When I kissed the teacher.

      A
My whole class went wild,

As I held my breath,

F♯m
The world stood still

Bm   **Em**
But then he just smiled.

    A
I was in the seventh heaven

     D
When I kissed the teacher.

G5/D   **D**
‖: When I kissed the teacher,

G5/D   **D**
  When I kissed the teacher. :‖   *Repeat to fade*

The Winner Takes It All

Words & Music by Benny Andersson & Björn Ulvaeus

[Chord diagrams: F, A7/C#, Dm, D7/F#, Gm, C, C/E, Gm/D]

Capo first fret

Intro ‖: F | F A7/C# | Dm | Dm D7/F# |
         | Gm | Gm | C | C :‖

Verse 1
     C   F
I don't wanna talk
                C/E
About the things we've gone through,
             Gm/D
Though it's hurting me,
   C
Now it's history.
            F
I've played all _ my cards
                 C/E
And that's what you've done too.
         Gm/D
Nothing more to say,
         C
No more ace to _ play.

Chorus 1
               F
The winner takes it all,
  A7/C#   Dm
The loser standing   small
  D7/F#   Gm
Beside the victory,
          C
That's her destiny.

© Copyright 1980 Universal/Union Songs Musikforlag AB.
Bocu Music Limited for Great Britain and the Republic of Ireland.
Universal Music Publishing Limited for World excluding Great Britain and the Republic of Ireland.
All Rights Reserved. International Copyright Secured.

Verse 2

        F   **C/E**
I was in your arms thinking I _ belonged there,
      Gm/D   **C**
I figured it made sense, building me a fence.
    F   **C/E**
Building me a home, thinking I'd be strong there,
     Gm/D   **C**
But I was a fool, playing by the rules.

Link 1

         F
The Gods may throw a dice,
  A7/C♯   **Dm**
Their minds as cold as ice,
  D7/F♯   **Gm**
And someone way down here
      C
Loses someone dear.

Chorus 2

     F
The winner takes it all,
  A7/C♯   **Dm**
The loser has to fall,
  D7/F♯   **Gm**
It's simple and it's plain,
    C
Why should I complain?

Verse 3

       F   **C/E**
But tell me   does she kiss like I used to kiss you?
      Gm/D   **C**
Does it feel the same when she calls your name?
   F   **C/E**
Somewhere deep inside, you must know I _ miss you,
     Gm/D   **C**
But what can I say? Rules must be obeyed.

Link 2

      F
The judges will decide,
  A7/C♯   **Dm**
The likes of me abide,
  D7/F♯   **Gm**
Spectators of the show
    C
Always staying low.

Chorus 3

          F
The game is on again,
  A7/C♯   **Dm**
A lover or a friend,
  D7/F♯   **Gm**
A big thing or a small,
              C
The winner takes it all.

Verse 4

       F
I don't wanna talk
     C/E
If it makes you feel sad.
   Gm/D
And I understand
             C
You've come to shake my hand.
F
I apologise
     C/E
If it makes you feel bad
   Gm/D
Seeing me so tense,
C
No self-confidence.

Outro

But you see
             F   **A7/C♯** **Dm**
The winner takes it all, _____
  D7/F♯   **Gm**   **C**
The winner takes it all. _____

‖: F | F A7/C♯ | Dm | Dm D7/F♯ |

| Gm | Gm | C | C   :‖

Repeat to fade

Why Did It Have To Be Me

Words & Music by Benny Andersson, Stig Anderson & Björn Ulvaeus

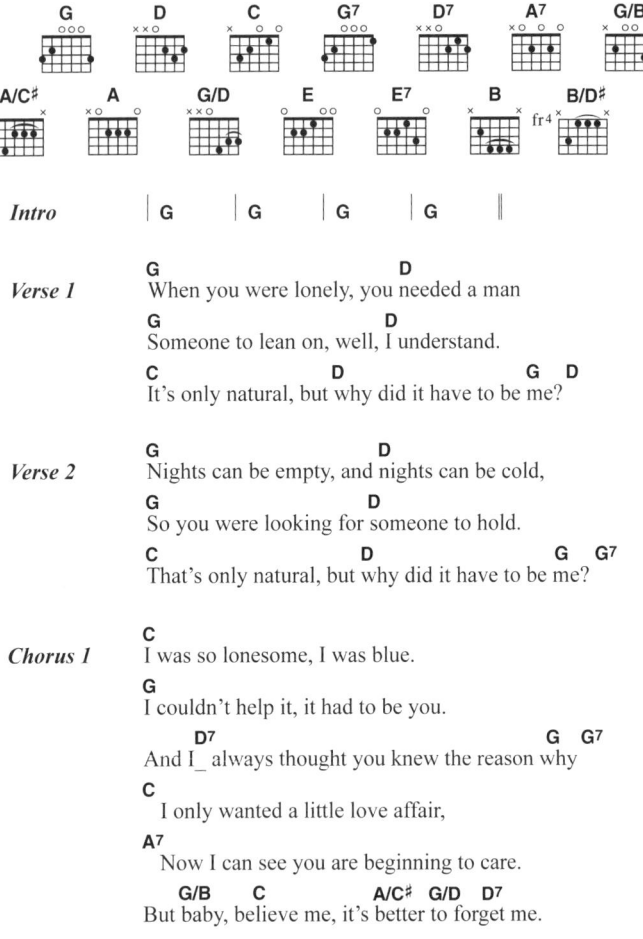

Intro | G | G | G | G ||

Verse 1
```
         G                      D
When you were lonely, you needed a man
         G                   D
Someone to lean on, well, I understand.
    C              D                 G   D
It's only natural, but why did it have to be me?
```

Verse 2
```
         G                       D
Nights can be empty, and nights can be cold,
      G                   D
So you were looking for someone to hold.
      C              D                 G   G7
That's only natural, but why did it have to be me?
```

Chorus 1
```
  C
I was so lonesome, I was blue.
  G
I couldn't help it, it had to be you.
     D7                              G   G7
And I_ always thought you knew the reason why
   C
I only wanted a little love affair,
    A7
Now I can see you are beginning to care.
    G/B    C           A/C#  G/D  D7
But baby, believe me, it's better to forget me.
```

© Copyright 1976 Universal/Union Songs Musikforlag AB.
Bocu Music Limited for Great Britain and the Republic of Ireland.
Universal Music Publishing Limited for World excluding Great Britain and the Republic of Ireland.
All Rights Reserved. International Copyright Secured.

Instrumental		C		C		G		G	
		D7		D7		G		D7	‖

Verse 3
G   D
Men are the toys in the game that you play,
G   D
When you get tired you throw 'em away.
C   D   G
That's only natural, but why did it have to be me?

Link | G | A | A   ‖

Verse 4
A   E
Falling in love with a woman like you
A   E
Happens so quickly, there's nothing to do.
D   E   A   A7
It's only natural, but why did it have to be me?

Chorus 2
D
I was so lonesome, I was blue.
A
I couldn't help it, it had to be you.
  E7   A   A7
And I_ always thought you knew the reason why
D
 I only wanted a little love affair,
B
 Now I can see you are beginning to care.
  A/C♯   D   B/D♯ A/E E7
But baby, believe me, it's better to forget me.

Outro	‖: D		D		A		A		
		E7		E7		A		A7	:‖

The Little Black Songbook series
Big value in a handy format!

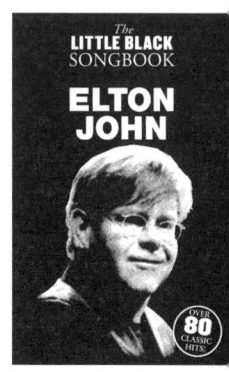

Little Black Songbooks are available from all good music shops.

Visit Hal Leonard Online at
www.halleonard.com

ABBA	AM985600
AC/DC	AM993432
The Beach Boys	AM999680
The Beatles	NO91102
David Bowie	AM1003827
Johnny Cash	AM993135
Johnny Cash - Best Of The American Recordings	BOE7530
Eric Clapton	AM993124
Leonard Cohen	AM995258
Coldplay	AM989912
Dire Straits And Mark Knopfler	DG70961
Donovan	AM1006511
Bob Dylan	AM985292
Elvis	AM993113
Elton John	AM1003794
The Kinks	AM1011131
Led Zeppelin	AM996391
Bob Marley	AM989747
Oasis	AM991595
Queen	HL00703200
Paul Simon	PS11671
Cat Stevens	AM989890
Tom Waits	AM996765
Paul Weller	AM996853
The Who	AM1004696

---

3 Chord Songs	AM1009679
4 Chord Songs	AM994565
5 Chord Songs	AM1007325
6 Chord Songs	AM1007336
60s Hits	AM996402
70s Hits	AM996919
80s Hits	AM997458
90s Greatest Hits	AM997469
21st Century Hits	AM1001121
Acoustic Hit Songs	AM92107
More Acoustic Hits	AM993146
Acoustic Classics	AM998536
Great Acoustic Songs	AM1011087
The Little Black Aussie Songbook	MS04099
All-Time Greatest Hits	HLE90004563
All-Time Hit Songs	HLE90004552
All-Time Smash Hits	AM1005719
The Blues	AM1002331
Christmas Songs	AM1001462
Classic Hits	AM1003068
Great Songs	AM1003057
Hit Songs	AM1002650
Metal Hits	AM985820
The Original Little Black Songbook	AM1008194
Pop And Rock	AM986172
Rock Classics	AM1009074
Rock Hits	AM985831
Solid Gold Hits	AM1007358

Chords AM1005741	Scales AM1005752

Acoustic Songs For Ukulele	Classic Songs For Ukulele	Great Songs For Ukulele	Hit Songs For Ukulele
AM1007402	AM1006423	AM1006434	AM1006445

Relative Tuning

The guitar can be tuned with the aid of pitch pipes or dedicated electronic guitar tuners which are available through your local music dealer. If you do not have a tuning device, you can use relative tuning. Estimate the pitch of the 6th string as near as possible to E or at least a comfortable pitch (not too high, as you might break other strings in tuning up). Then, while checking the various positions on the diagram, place a finger from your left hand on the:

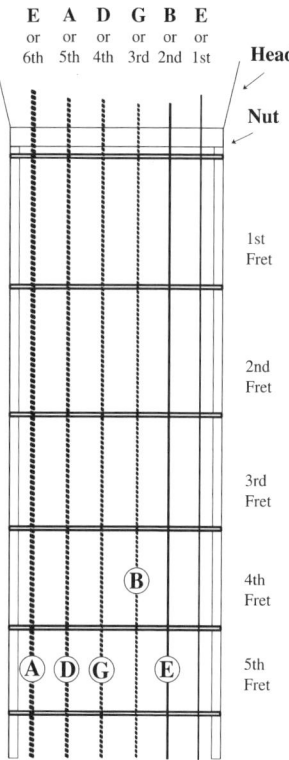

5th fret of the E or 6th string and **tune the open A** (or 5th string) to the note (A)

5th fret of the A or 5th string and **tune the open D** (or 4th string) to the note (D)

5th fret of the D or 4th string and **tune the open G** (or 3rd string) to the note (G)

4th fret of the G or 3rd string and **tune the open B** (or 2nd string) to the note (B)

5th fret of the B or 2nd string and **tune the open E** (or 1st string) to the note (E)

Reading Chord Boxes

Chord boxes are diagrams of the guitar neck viewed head upwards, face on as illustrated. The top horizontal line is the nut, unless a higher fret number is indicated, the others are the frets.

The vertical lines are the strings, starting from E (or 6th) on the left to E (or 1st) on the right.

The black dots indicate where to place your fingers.

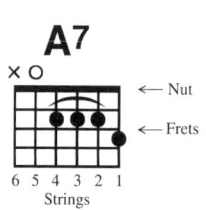

Strings marked with an O are played open, not fretted. Strings marked with an X should not be played.

The curved bracket indicates a 'barre' - hold down the strings under the bracket with your first finger, using your other fingers to fret the remaining notes.

N.C. = No Chord.